「社員が主役」の会社はなぜ逆境に強いのか

株式会社新経営サービス
人材開発部マネージャー
シニアコンサルタント
志水 克行

出版

はじめに

この本では、「社員が主役の会社」をつくるための具体的な方法を書いています。「社員が主役の会社づくり」とは、社員や、会社のためだけでなく、経営者のためでもある組織改革の方法です。

会社の持っている経営資源には限りがあります。

現状の人的資源、すなわち今いる社員で、今まで以上の結果を求める最短の道は、社員を主役にすることです。

自立的な成長軌道にたどり着く前の会社は、独りの経営者が隅々まで管理し、経営者の力で会社を伸ばしていくと言っても過言ではありません。

しかし、会社が成長するに従い、経営者のやることは現場から遠のき、社員や組織の存在感が増してきます。

会社の方向性は経営戦略によって既定されますが、次の成長軌道に乗ることができるかどうかは、社員の意欲や組織の質によって決定づけられることになります。

人や組織が変わるには時間がかかります。あきらめずに働きかけ続ければ必ず人は応えてくれます。人や組織に「主体性」という変化の兆しが現れはじめると、それを火種にして加速度的に会社改革への好循環が生まれます。

「社員の意識改革」「主体性の発揮」「組織改革」といった文言は、どうしても抽象的イメージで捉えられがちです。

百聞は一見に如かず、百見は一行に如かずといいます。百の理屈より一つの実例、本書では可能な限り実例を示しています。

社員が何に気づき、どのように意識改革や行動革新に至ったのか、何をキッカケに会社改革に向け組織が動き出したのか。個々人や組織の心理の変化、成果への道筋をつかんでいただくために、本書全体に実例を数多く紹介しています。

常に根底に流れているテーマは、「**社員が主体性を発揮し、自分たちの会社を自分たちで変えていく**」という唯一無二の想いです。「社員が主役の会社づくり」その幹の部分を、多面的な角度からとらえていただき、皆さんの会社の改善の在り方を、具体的にイメージしていただけたら幸いです。

本書を手に取っていただき、ここまでお読みくださった方は、どうすれば会社がよくなるか、社員にとってより良き選択ができるか、真剣に悩んでいるはずです。

その答えは、ほかでもありません。

「社員一人ひとりが主役となる会社をつくること」です。その取り組みによって会社は強くなり、環境や時代が変わっても必ず繁栄をもたらします。

社員の意欲と主体性を上げることがことのほか重要なのは、それが短期的な業績改善のみならず、中長期的に安定した会社の成長や存続を保証してくれることに繋がるからです。

また、経営者が会社を十分に動かすためには、信頼できるパートナーの存在が不可欠です。信頼できるパートナーとして最も適任なのは、ビジネススクール出身のインテリではなく、長く苦楽を共にしてきた社員です。

社員を経営のパートナーに育てるのに、マニュアルや制度は何の役にも立ちません。

主体的に仕事に取り組む社員を育て、信頼できる経営パートナーをつくっていくことは、会社を大きく成長させるためにも欠かせない条件であると私は考えています。

社員を主役にしても、社長の座が危うくなることなど決してありません。

社員を主役にするのは、会社の業績を上げるためでもあります。業績を上げた社長が評価を下げた例は、古今東西どこを探してもないはずです。

「社員が主役の会社づくり」は、社長にとっても必ず好結果をもたらすはずです。

ぜひ「社員が主役の会社づくり」に、一歩踏み出してください。

私がこの本に掲げた幾つかの実例は、各企業で私が実際に体験してきた生々しい組織改革の物語です。ただ職業倫理上、そのまま紹介するわけにはいきません。そのため事実関係の流れを保ちつつ、社名や地域名など、特定できるおそれのある部分は仮称等で記させていただきました。

とはいえ、この本が僅かでも他の会社のお役に立てることになれば、事例企業の関係者の皆様にも喜んでいただけるでしょうし、私としてもその喜びを共有したいと願っております。

はじめに　2
本書を読む前に　14

第1章　社員が自社をワガコトと考えるようになった

1 「社員の自家用車がよくなった」と喜んだ社長　20
■経常利益マイナス3億6000万円からのスタート
■ひとりの解雇もしない
■オレたちを解雇しに来たのか
2 全力でぶつかれば必ず応えてくれるのが人間　24
■向き合ったら返してくれる
■「オレはあんたを刺そうと思った」
■課題は仲間を守り切ること
■何年かぶりで賞与を支給
3 内発体制の強化で外に打って出る組織をつくる　30
■海外取引にチャレンジ
■ひとりの落ちこぼれも出さない
4 人は自分が虐げられるより他人を虐げるほうがつらい　34

■入社5年後に大半が辞める会社
■「うちの会社はひどいもんです」
■人生の主役は自分自身

5 トップが変わらなければ! 社員が社長を動かし第2創業宣言へ 40
■「自分たち社員から変わらなければ」
6 オーナーカスイッチを社長はしっかり入れる 45
■社長が意識改革するとすべてが変わる
■同規模、同業種、同業態でも優劣の差が出る
■オーナー力が勝敗を分ける
7 今いる人だけでも今まで以上の成果は出せる 52
■人間は環境次第で変わる
■誇りと尊厳を取り戻すことで人の意欲を回復
■自分のためには頑張れない人もいる

8 人の行動は意欲によって活発にもなり鈍くもなる 57

第2章 「社員が主役の会社づくり」の原風景

1 19歳で起業、予備校生いきなり経営者になる 62
■軽い気持ちではじめたバイク便が大成功

■世界のＨＯＮＤＡから評価される
2 ＨＯＮＤＡから学んだ人事管理と生産性 67
■いつの間にかサプライチェーンの一角を担う
■在庫管理で全国1位に
3 経験を生かす仕事は経営コンサルタント業しかない 72
■原点は70年代の京丹後市網野町
■次々と倒産した中小企業の実態
■企業の盛衰は経営者次第
■経営者を救えるのは社員だけ
4 恩人からの不可能な依頼がコンサルタントとしての分岐点 78
■依頼されるテーマも不況型に様変わり
■資金なしブランドなし打つ手なし
■不可能を承知で取り組みを決意
5 気がつけば黒字！　答えはいつも現場が知っている 83
■相互の「無関心」と全員に共通する「疎外感」
■社員の意識と共に会社の業績が改善
■最悪の状況からのスタートがかえって幸いする
■欠点凝視をやめて「美点凝視」を徹底する
6 「人にとっての会社」に改めると、人は3倍以上の力を発揮する 90

■「望ましい関係性」が「望ましい会社」を創る
■和を以て貴しとなす
■CSの前にはESが必要

第3章 「社員が主役」は組織の発展持続に理想的な形

1 社長が本気で期待すれば社員は必ず応えてくれる 96
■一人当たり13万円しか稼いでいなかった経常利益が6倍に
■「これからどうする研修」で自発性を喚起
■「そんな仕事させたらドライバーは辞めますよ！」
2 何があっても社員を守る。会社はその次！ 102
■より高いステージを、次々に目指す
■我々は宝の山の上に立っている
3 あつれきを乗り越えて上司も部下も成長する 106
■異論を受け入れることで器が広がる
■たてつく部下から仕事の哲学を得る
4 部下への最大の愛情は「関心」という形で表れる 110
■部下の心の叫びが聞こえていますか

5 ある社長の体験――「社員が主役の会社」は逆境に強い 113
■答えはすべて現場にある
■「会社を動かしているのは自分たち」という自負

6 倒産の危機から超円高でも高収益の会社に変えた社員の力 118
■人間以外のすべてのムダを減らす
■自分の頭で考える

7 リーダーが変わるときは組織が変わるチャンス 122
■企業を飛躍させるのは後継者の力
■心を開けば必ず社員は助けてくれる
■「なぜ、自分がこんな仕事を」と思っていた二代目社長
■職業に貴賤の区別なし
■最も手ごわい社員が最大の味方に
■退路を断つ

8 組織改革が必要なときに共通する初期症状 133
●組織改革の必要な初期症状① トップのリーダーシップに問題があるケース
●組織改革の必要な初期症状② 組織の風土や文化に問題があるケース
●組織改革の必要な初期症状③ 組織の機能に問題があるケース

第4章　社員に責任感と使命感のある「主役意識」を持たせる

1　「自分たちでこの島を守る」使命感が社員個々の内発の原動力に　140
■「どう生きるのか」を徹底的に深め、出た結果
■創業一族である本社二代目社長も認めた「島との共存」
■今日も島を軽トラが走っていく

2　良い働きかけをするためにエゴグラムを知っておく　146
■状況に応じて最適の意識に働きかける

3　自画像の確認ツールとしてのエゴグラムの活用法　150
■点数の高さより全体のバランスに注目
■数値が低い場合の傾向も押さえておく

4　タイプ別　モチベーション・スイッチの入れ方　156
■やる気スイッチのキーワードを使いこなす
■リーダーシップの発揮の仕方もタイプで異なる

第5章　報酬だけでは決まらない！　現場を正しく意識改革する

1　自ら考え自ら行動する集団をつくる5段階を把握する　166

■組織変革に至るまでの流れをつかむ
ステップ1：始動　ステップ2：共感づくり　ステップ3：引き出し
ステップ4：行動変化　ステップ5：新しい企業文化の誕生

2 失敗しない組織変革は相互の信頼を高めることから 172
■心の垢を落とす

3 自己改革はお互いを知ることからはじまる 176
■ありのままの自分を語り、ありのままの他者を受け入れる

4「変わらなければ！」では本当に変わることはできない 182
■レベルゼロという水面下の段階
■問題を生じさせる原因の一端は過去にあることも
■本質まで掘り下げたビジョンになると言葉が違ってくる

5 ある支社長が体験した自己革新プロセス 187
■エリート社員が味わう、生まれて初めての敗北感
■ひとりの人間の心の中で起きていたこと
■自分が変わると世界が変わる

6 正しく意識改革するには改革をやめてはならない 193
■将が前進をやめれば兵は直ちに撤退をはじめる
■実のないスローガン経営に陥らない

7 何はなくとも自由にモノが言える組織をつくる 197

■風通し以前の組織の問題
■モノが言える健全な組織づくりの鍵はトップ

第6章 「現場・現実・現有」経営資源主義のすすめ

1 「どうせ・いまさら」病を克服する 202
■「どうせ」「いまさら」を禁句にする
■自ら変わる気概を持とう

2 「デキる社員は辞めてしまう」というジレンマから抜け出す 207
■「自分が会社の主役」と思っている社員は辞めない

3 マニュアル管理は社員を人間扱いしていない 211
■管理コストはかかるし新人は辞めるし…

4 「社員が主役の会社」とは社員を甘やかすことではない 215
■社長とは社員を生かす人
■「主役になる」とは責任を負うということ

5 結局すべての会社は社長次第で決まる 219
■会社は社長の器以上にならない

おわりに 222

本書を読む前に

古来より、人を正しく動かす方法は2つあります。

今いる社員で、今まで以上の成果を上げるには、ひとつは**ルールと罰則を厳しくして徹底的に取り締まる**こと。もうひとつは、**人々を感化しその善性を伸ばす**ことです。

中国古代王朝の歴史書である『史記』(司馬遷)にも同様のことが記されています。

前者の代表は中国最初の統一王朝、秦の始皇帝です。その統治下では法と罰があまりにも厳しかったので、道に落ちている物さえだれも拾って我が物にしようとしなかったとされています。

後者の代表は周の名君文王、武王の治政で、人びとは君主の徳の高さに感化され、やはり道に落ちている物さえだれも我が物にしなかったとあります。

どちらの方法でも徹底すれば結果は同じですから、どちらがより良い方法かはわかりません。

ただ後年に**孟子は、君主の徳には余熱のような効果があり、名君が亡くなっても遺**

徳によって国は保たれると説いています。

現代でも、社員を上手に動かして会社の利益を上げようとすれば、ルールや制度を厳格に定め、徹底した管理で結果を出すか、社員一人ひとりの主体的な意欲を引き出し、自ら動き出すことで成果を上げるか、あるいは両方を加減しながら運用するか、いくつかの選択肢があります。

最も多いのは3番目の、両者混在のさじ加減運用でしょうが、並みの人には手に負えません。残念ながらこの運用の仕方が最も難しく、神の領域に等しいバランス技術を必要とします。

現実には、ルールや制度のない会社はありませんから、外形上は両者の合わせ技になりますが、経営者の姿勢によっていずれかに軸足を置いて運営しているはずです。

人事とは経営方針ですから、そこに経営者の価値観や思想が強く表れます。

「ルールや管理を厳しくしないと人は怠けたり方針と違うことをしたりするから、会社を正しく動かすためには、厳格なルールのもと、運用を徹底してスキのない経営をしなければいけない」と考える経営者は前者の方法を選ぶでしょう。

反対に、「人は自ら動く環境が整えば、主体的に仕事に向かい成果を出そうとする」と考える経営者は、ルールや管理は最低限にして各自の裁量範囲を可能な限り広くすることでしょう。

問題は、どちらの経営者が成功するかということです。

「背水の陣」で有名な漢帝国成立の功労者、韓信は「兵一人ひとりが進んで戦おうとせず、どうして戦に勝てようか」という言葉を残しています。

これは、兵一人ひとりの意識と意欲が勝敗を分けるという教えに他なりません。つまり少数の弱兵でも動機づけによっては、強兵の大軍に勝つということです。

私自身の体験の中でも、社員一人ひとりが主体的に仕事のやり方を考え、日々工夫し、さらに新しいやり方を考案して、結果的に赤字経営から黒字に大転換した会社は1社や2社ではありません。**社員の意欲が上がれば、組織力も上がります。組織力が上がれば業績も上がり、まったく違った会社に生まれ変わります。**

しかし、世の中には社員の主体性に期待せず、厳格なルールや徹底した管理によって堂々たる黒字を誇っている会社もあります。

こうした会社のやり方を否定するつもりはありません。

企業経営とは経営者の価値観や思想の表れですから、それぞれに異なった考え方をする経営者がいることは当然です。

ルールを徹底して成功した企業の例として、古くはフォード自動車創業者のヘンリー・フォードが考案したフォードシステムが有名です。

このシステムの成功の裏には、当時のアメリカの時代背景があるといわれます。

ヘンリー・フォードが創業した当時は、各国から大量の移民が入国していた時代で、生産現場には英語の話せない人が数多くいました。

十分なコミュニケーションがとれない労働者に、安定的な品質で作業してもらうには、ハンマーを振り下ろすだけという単純作業を繰り返させることが有効です。

当時のアメリカの生産現場には、フォードシステムがうまくフィットしたわけです。

しかし、現代の日本はヘンリー・フォードの時代とは違います。移民にあふれていた当時のアメリカと比べて、はるかに教育水準が高く、言語も同じ日本語です。社会的にも成熟しており、改めてルールを説明しなければならない人などほとんどいません。

もし現代の日本でフォードシステムを導入しても、十分な効果が表れないことは明らかです。

現代の日本では、マニュアルやルールで仕事を強制するやり方よりも、自分の価値や自己重要感を認識できるやり方がより効果を発揮するからです。

本書では、「大幅な赤字計上、倒産寸前の危機的な状況から、社員が一丸となって会社を再建し大幅な黒字化へと導いた事例」「志のある一部の一般社員の決意が全社を巻き込み、まったく新しい会社へと生まれ変わらせた事例」など、生々しい実例を展開していきます。「社員が主体性を発揮して、ダイナミックに会社を変えていく」、その様《さま》をご一緒していただけたら幸いです。

第1章

社員が自社を
ワガコトと考えるようになった

・
・

社員のことを
ワガコトと考えられる社長の下には、
例外なく会社のことを
ワガコトと考える社員が集まる

1 「社員の自家用車がよくなった」と喜んだ社長

私が社長と会社の駐車場を歩いていたときのことです。ちょうど社員の意識改革と会社の黒字化が軌道に乗りはじめた頃でした。

駐車場には社員の通勤用の車が停まっています。

「見てください。社員の車がよくなったんですよ」と、社長はうれしそうに私に言いました。見ると駐車場にある50台くらいの車のうち、何台かは新車のようです。

ひととおり見まわして振り返ると、長年の赤字から抜け出し、社員に還元できるようになったことを心から喜んでいる社長の顔が、そこにありました。

関西パーツ（仮名）は社員82名の中小企業です。

技術屋だった創業者が興した会社ですが、業績が振るわず大阪にある精密機械メーカー（上場企業）に買収されました。業績は長く低迷していましたが、ニッチな分野での技術に優れていたことに目を付け、上場企業がM＆Aを行ったのです。

■経常利益マイナス3億6000万円からのスタート

しかし、いかに技術に優れていようとも、企業である以上は、赤字体質は改革しなければなりません。

M＆Aから1年後、買収元の精密機器メーカーの専務から私のところに電話がありました。専務は銀行出身で、私が別の会社の組織改革の支援を行ったときも、銀行からその会社に来ており、一緒に改革を行ったこともある昔馴染みです。今は、この精密機械メーカーに招かれ経営陣として活躍されていました。専務は、関西パーツの経営健全化のためには社員の意識改革と組織改革が必要だと考え、私に声をかけてくれたのです。

関西パーツは、化学繊維の製造に使用する重要な精密部品をつくることができる、日本では2社しかない抜群の技術力を持っています。機械化できない熟練の技術、つまりそれぞれの職人が持つ「匠の技《たくみ》」が強みです。しかし、このときの業績は売上10億円で、3億6000万円の赤字という惨状でした。
会社が存続していることが不思議なくらいだったのです。

■ひとりの解雇もしない

会社の経営状況も最悪でしたが、社員のモラールもどん底。前年まで経営者だった創業者一族は、赤字会社を売却していなくなり、社員は裏切られた思いと疎外感で、猜疑心のかたまりとなっていました。

専務から私に与えられた役目は、社員の意識改革と組織変革、そしてその結果としての会社の黒字化でしたが、とても一筋縄ではいきそうにない状況です。しかし専務は、自分も責任者として関西パーツの改革に尽力するし、赤字は自分が責任をもって本社から補てんさせる、と言います。そのうえ**「リストラは絶対にしない」という専務の覚悟を聞かされ**、「そこまで腹をくくっているのなら、私もやれるだけのことはやりましょう」とお引き受けしました。

専務が「ひとりも解雇しない」と言ったのは、社員が退職すれば関西パーツの持つ独自技術が外部に流出するという本社側の危惧もあったようですが、それ以上に、**社員全員が会社の改革と再建に欠かせないという、専務の強い信念があってのことでした。**

■オレたちを解雇しに来たのか

拝み倒されるようにして引き受けた仕事ですが、社員から見れば、本社の意向を受けてやってきた私はリストラ役にしか見えません。

社員の私を見る目には、敵意がありありと映っています。

やれやれ、大変なところに来てしまったと、改めてこの仕事の難しさを痛感しました。

組織を再生させるための「組織改革研修」は、何度もやってきていることではあるものの、ここまで強い敵意を抱いている人たちを相手にするのは、さすがに経験がありません。

はたしてこの人たちの意識を変えることができるのか。私の中に、彼らを変えるには、まず私自身が真正面からぶつかることが不可欠だという覚悟が生まれました。

まずは、疑心暗鬼に陥ってしまった関西パーツの社員に、私自身を信用してもらうことが最初に越えるべき壁です。

2 全力でぶつかれば必ず応えてくれるのが人間

私は手はじめに、幹部を集め合宿スタイルで「組織改革研修」を行いました。

集まった幹部の顔は、私が解雇しに来たのではないかという疑いと不安、何とかして自分を守ろうという緊張感でこわばっています。

「疑心暗鬼を生ず」と言いますが、こういう心理状態の人に教科書どおりの理屈をいくら語ったところで、心に届くことはありません。

私は、これまでやってきたノウハウはいったん捨てて、志水克行という生身の人間を前面に出してぶつかることにしました。

気持ちのうえでは、捨て身の勝負に出たということです。

「みなさん、私が会社から頼まれて、リストラをしに来たと思っているだろうが、それは違う。専務はひとりも解雇しないと私に約束した。給料もきちんと払う。資金面で不足があったときには、本社が資金援助を行う。だから、みなさんも会社を信用して、どうすれば関西パーツを良い会社にできるか考えてほしい」と伝えました。

向き合ったら返してくれる

次いで、会社の現状が今どうなっているのか、事実をありのままに詳しく説明しました。**幹部といえども、彼らは今まで会社の売上、原価、その他の経費がどうなっているのか、まったく知りません**。創業者の考えは、「社員は作業者であって、作業の腕がたしかならそれでいい」というものだったので、経営のことには一切触れさせてもらえない、いわば、〝依《よ》らしむべし、知らしむべからず〟の状態だったのです。

そのため、会社の数字を隠さず公開したことは、彼らには新鮮でした。「会社の内情をオープンにするということは、自分たちを信じて、自分たちを頼りにしているのではないか」。社員の中に少しずつ私の言うことを信じる気配が生まれます。

このとき、私に対する敵意がわずかに和らいだような気がしました。まだ確信できないものの、前進の手ごたえを感じました。

■「オレはあんたを刺そうと思った」

私の目の前にいる人は敵意と不満のかたまりではなく、善性と可能性のある人だ。そう思ったとき、この研修に明かりが見えた気がしました。

前期の研修は、「社員は社長の道具ではない、自ら考え、自らの意思で行動する」という意識改革の導火線に点火し、組織変革の種を播くことが狙いです。

組織変革のためには、個々の人生で溜まった「心の垢《あか》」を落とす必要があります。お互いに隠していた心の中をさらけ出すことで、仕事上の行き違いから生じたわだかまりや不満、不信を拭い落とします。このとき、ひとりの幹部から他の幹部に対して「昔、あんたを刺そうと思った！」という心の叫びがありました。

こうしたスレスレの自己開示を経て、みんなに一体感が生まれていくのです。

前期の研修から数カ月後、後期の研修では関西パーツの抱える具体的な課題に取り

関西パーツが受講した研修プログラム内容

組織変革研修Ⅰ〔意識改革編〕

●アンケート調査内容の検討
・経営陣ヒアリング実施

●アンケート調査実施・分析

●意識改革研修の実施
- □人生観（生き方）や仕事観など潜在的目的
- □個性分析
- □360度多面評価によるデータフィードバック・分析
- □組織改革力、リーダーシップ力向上に向けての個人課題抽出
- □グループカウンセリングⅠ（2h〜2.5h/1人）
- □自己革新の決意表明

組織変革研修Ⅱ〔会社改革編〕

●会社革新・組織革新・推進体制の確立
- □モチベーション・マインド変化ぶり
- □グループカウンセリングⅡ（1.5h〜2h/1人）
- □「会社・組織革新」に向けたテーマ、課題設定
- □リーダーシップ発揮スタイル、推進体制の確立
- □会社革新、自己革新の決意表明

組織変革研修Ⅲ〔成果報告編〕

- □会社革新成果、自己革新成果の確認
- □新ビジョン実現に向けたマネジメントの強化
- □成果報告会

組みました。どうすれば赤字を垂れ流す生産体制を改められるか、そのために何を改革しなければならないか、課題は何であるかを明らかにしていきます。

■課題は仲間を守り切ること

このとき現場のリーダーから出てきたのが「仲間を守り切る」という課題でした。生産性向上のための課題が、なぜ「仲間を守り切る」ことなのか。一見奇妙に映りますが、**これまで虐《しいた》げられてきた関西パーツの現場では、根底にある帰属意識や仲間意識こそ生産性を上げるために重要なのです。**

現場の社員が安心して働けなくて、どうして生産性向上などできるでしょうか。コストダウンも生産性の向上も結局は人間のやることです。

人間の意欲が失われた現場では、何をやっても、結果は砂上の楼閣に過ぎません。

現場のリーダーの課題が「仲間を守り切る!」と出てきたとき、私はこの人たちの素養が想像以上であることに驚き、仲間のためにひと肌脱ごうとする気概に感銘を受けました。リーダーの本心からの言葉を受けて、仕事を引き受けた直後の「不安」が

「期待」に変わり、彼らならできるという確信を持てるようになったのです。

何年かぶりで賞与を支給

半年後、会社は売上を14億円まで回復、収支はトントンというところまで漕ぎつけました。そして改革をはじめてから1年後、このとき関西パーツの社長も兼任するようになっていた本社の専務が、長らく支給されてこなかった賞与の支給を決定します。

会社の体力は、まだ賞与を支給できるほどには十分に回復していませんでしたが、社員が会社の期待に応えようと頑張り、結果も出しているのですから、会社も少々無理をしてでも彼らに報いなければなりません。

賞与の原資数千万円は本社にかけ合い、一部支援を取り付けました。

関西パーツでは、先代社長時代、業績不振もあって何年も賞与支給のない状態が続いていました。そのため社員も半ばあきらめの心境にあったと思います。それが久しぶりに賞与が支給されることが現実となり、自分たちへの期待が、見せかけだけのものではないという強いメッセージに繋がったのです。

3 内発体制の強化で外に打って出る組織をつくる

改革がスタートして1年が経った頃から、営業の組織づくりをはじめます。

創業社長時代は、技術頼みで「待ちの営業」しかやってこなかったため、そもそも営業部隊が存在しませんでした。新社長は社員の意識改革がある程度の段階まで来ていると判断し、組織を構造的に改革することに着手したのです。

自分たちの技術を自分たちで売る。ごく当たり前のことですが、関西パーツにはその当たり前がなかったのです。関西パーツには**買いに来るお客さまはいても、売りに行く社員はいませんでした**。技術はあっても、それをお客さまに知らせることさえしていなかったのです。営業経験のない社員たちでしたが、技術の知識はあります。お客さまが欲しいのは技術の情報です。社員はもっとお客さまに提案できることがないか、自分たちの技術の棚卸しをはじめました。この頃から組織全体の研修もはじめます。

内向きで受け身の姿勢から積極的に前に出る姿勢へと、社員全員が変わっていくための手を打ちます。会社改革の方向性は定まってきていましたので、組織全体の内発性を強化するために、意識改革に主眼を置いた研修を、すでに実施してきた幹部層のみならず、主任層、班長層、一般社員層まで拡大して組織体制を整えていきました。

こうして内発性、自主性を関西パーツの組織風土として築くことを目指したのです。

海外取引にチャレンジ

営業部隊の創設は、会社の売上を着実に大きくしていきました。

それだけでなく、営業部隊をつくったことで新しい市場が生まれます。関西パーツでは、これまでにも海外から引き合いはあったのですが、外国語でビジネスしたことがないというきわめて内向きな理由で、引き合いに対応してこなかったのです。

しかし、せっかくのチャンスをそんな理由でふいにしては損失も甚だしい。言葉の問題は外部に依頼するなど、いくらでも手段はあります。営業部は海外からの引き合いにも積極的に応じることにしました。最初の大口はインドで、その後アメリカ、メキシコと広がり今では6カ国を相手に取引をしています。海外企業とのビジネスでは思わぬ副産物もありました。**国内でも評価されている関西パーツの技術ですが海外企業からはことのほか高評価で「こういうこともできます」という関西パーツの営業からの提案はいつも大歓迎されました。**こうした情報は製造現場にも共有され、海外からの高い評価が社員一人ひとりに自信と誇りを植え付ける効果をもたらしたのです。

自信と誇りは、さらなる向上心に火を点けました。

そうして2年、組織改革研修をはじめた頃は月産1億円だった売上が、月2億円に達するようになります。2年目の決算では売上23億7000万円、経常収支2億6000万円となり、私は無事役目を果たすことができたのです。この時の社員数は改革に着手した当初同様に82名。いかに労働生産性が低かったのかを物語っています。

■ひとりの落ちこぼれも出さない

こうして関西パーツの立て直しは一段落するわけですが、本社の専務、関西パーツの新社長は、実は私がこの仕事に取り組む前から、こういう結果を見通していたようです。**はじめから社員を信じて、彼らならきっとできると思っていた節があります**。

経営コンサルタントとしては、会社が回復基調に乗り、順調に回りだせばそれでお役御免なのですが、関西パーツではそうはなりませんでした。

この会社に貫かれている理念（新社長の理念でもある）は「人を大切にする」ことです。どんな業種でも、どんな組織でも、すべての人が成功するということはありません。2：6：2の法則にあるとおり、必ず2割程度の落ちこぼれが出ます。

落ちこぼれはダメ社員、落後社員として切り捨てられることが多いですが、関西パーツでは切り捨ては絶対にしないという方針ですから、私が落ちこぼれた人を集めた研修を毎年定期的に行っています。

いわばリベンジを狙いにした研修です。この研修では、研修生を落ちこぼれではなく、「休憩中の社員」として扱っています。休憩している理由は何か、どうすれば再び動き出すことができるか、必要な人にはスキルのトレーニングの機会を与え、個人の回復、個人の立て直しを支援しています。

4

人は自分が虐げられるより他人を虐げるほうがつらい

ファブレス（仮名）という会社があります。

社員数100名、工場内の設備を製造販売している会社です。メーカーですが、製造設備は持たない文字どおりファブレス（工場を持たない）で、業績を上げています。

この会社は、収益は順調なのですが、社員の離職率が高いことが頭痛の種でした。

給与水準は、社員数100名の中小メーカーとしては破格の金額を出しています。

しかし、私が関与した段階での離職率は50%超でした。10人採用しては5人辞めるという、歩留まりのきわめて悪い組織運営をしていました。そこで私に、定着率改善を目的に、キャリア・カウンセリング研修の依頼が舞い込んできたのです。

ファブレスの社長は、関西では有名な精密機器メーカーの出身で、元の会社に倣《なら》って経営をしていました。

社長が元いた精密機器メーカーは、「最小の資本で最大の成果」が標語になっている会社で、社員の給与が高いことでも有名ですが、その一方では、社員の管理がとても厳しいことでもよく知られています。営業社員にGPSを持たせ、一日に何軒回ったかを正確にチェックし、予定外の行動やいつもより長い滞留時間があればマネジャーが徹底的に追及します。管理というよりも監視に近い体制と言っても過言ではないかもしれません。

入社5年後に大半が辞める会社

ファブレスの離職傾向を見ますと、入社から4年間はさほど顕著な動きは見られません。ところが5年目になると離職者数が突然跳ね上がります。以降、高い水準が続きます。この理由は、研修をはじめてすぐにわかりました。

入社から4年間は一般社員です。ファブレスにおいても、社長の出身である有名精密機械メーカーと同じく、厳しく行動をチェックされます。しかし一般社員のうちは、上からのチェックに耐えれば給与はよいのですから、まだ我慢ができると社員たちは言います。

そうして入社5年を過ぎると、マネジャーへと上がり、今度は部下をチェックする側に回るのですが、それが心の負担になるのだそうです。

自分が非人間的扱いを受けることは我慢できるが、他人を非人間的に扱うことには耐えらない。自分が虐げられることよりも、他人を虐げることに、より強いストレスを覚える。

人はひょっとするとそういう動物なのかもしれません。

「うちの会社はひどいもんです」

キャリア・カウンセリングの第1回目は入社4年目の一般社員を集めて行いました。

私は研修の事前準備として、研修生全員の360度多面評価を実施しました。本人と上司2名、それと同僚や後輩の2名にまったく同じ項目について評価してもらいます。

最高点は4、最低点が1で評価します。評価者は匿名です。

組織変革プログラム オリジナル 360度多面評価例

管理者360°多面評価 集計結果表

多面評価 総合評価

総合多面評価による項目別評価点

要素	項目	本人	上司	同僚	部下・後輩
マインド	使命感	3.3	2.4	2.6	2.6
	意欲	3.3	2.3	2.8	2.5
	自己管理力	3.0	2.5	2.6	2.1
マネジメント	目標設定・達成力	2.8	2.0	2.4	2.4
	問題解決力	3.0	2.4	2.4	2.6
	職場改善力	3.5	2.4	2.1	2.6
	チームマネジメント	3.0	2.0	2.4	2.3
	人材育成力	2.8	2.1	2.4	2.1
成果	成果	3.0	2.3	2.4	1.9
	総合平均点	3.1	2.3	2.4	2.3

累積評価

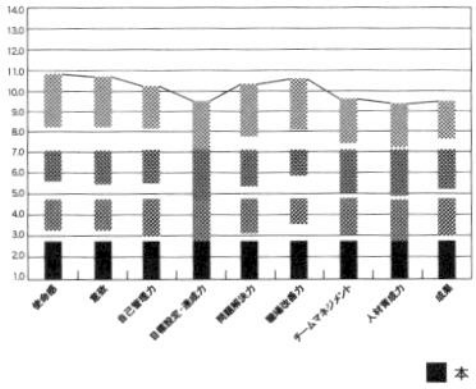

項目別データ

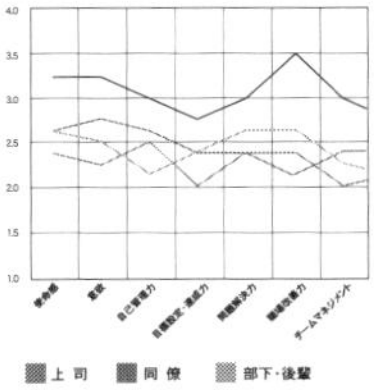

■本人 ■上司 ■同僚 ■部下・後輩

多面評価 データの見方

多面評価の実施の方法
①多面評価は3要素9項目、全36問で構成されており、4段階でチェックしていただきました。
②「自分自身」と「上司」及び、「同僚」「部下・後輩」に記入していただいております。

多面評価 結果の分析
①平均点が3.0未満になる項目については、評価が低いと言えます。ご自身の弱みとして必要があります。
②平均点が3.0点を超え、4.0点に近い項目ほど評価点が高いといえます。ご自身の強みとして図り、強みが最大限活かされるよう務める必要があります。
③自己評価と他者とのギャップについては、0.5点以内が望ましいといえます。

その他の注意事項
今回の多面評価は、それぞれの主観に基づくデータになります。評価に関しては、「正しい」とか「正しくせず、「自分自身の日ごろの態度・行動は、周囲から見てどのように見えているか」という視点で確認

会　社　名：株式会社 鈴木産業　　実施日：令和元年8月1日
所属部署・役職：貿易事業部 課長
氏　名：鈴木 一郎

アセスメント評価項目				本人	上司	同僚	部下・後輩	
マインド	使命感	使命感	自分に与えられた使命を十分に認識しており、その実現に向け邁進している。	3.0	2.5	2.5	3.0	1
		責任感	常に責任ある判断を行い、自分の判断には最後まで責任を持った行動をとっている。	4.0	2.0	3.0	2.0	2
		愛社精神	自社を愛しており、もっとも良い会社にしたいと強く感じている。	3.0	2.5	3.0	3.0	3
		感謝心	自分を取り巻く環境に常に感謝心を持ち、日々の業務に携わっている。	3.0	2.5	2.0	2.5	4
				3.3	**2.4**	**2.6**	**2.6**	
	意欲	チャレンジ精神	現状に甘んじることなく、改善・改善提案を行ったり、新しいテーマへの挑戦を続けている。	4.0	2.0	3.0	2.5	5
		達成志向	困難や障害があろうとも、それを乗り越えるための手段を考え抜き、行動に移している。	3.0	2.0	2.5	2.5	6
		仕事への情熱	仕事に「やりがい」や「誇り」を覚え、その遂行に全精力を注いでいる。	4.0	2.5	3.0	2.5	7
		モチベーション	ネガティブな感情に支配されることなく、常にモチベーションを高く保有している。	2.0	2.5	2.5	2.5	8
				3.3	**2.3**	**2.8**	**2.5**	
	自己管理力	節度ある態度	礼儀やマナー、節度ある言動や規則遵守を大切にしており、日頃の言動にも安心感・信頼感が溢れている。	3.0	2.5	3.0	2.5	9
		自己革新性	困難や障害があろうとも責任転嫁せず、己を律して自己革新を続けており、人間的な幅・深さ共に成長し続けている。	3.0	2.5	2.5	1.5	10
		自己成長努力	自分の見識や技能をより良きものに向上させようと、日々積極的に学習努力をしている。	3.0	2.0	3.0	2.0	11
		セルフコントロール	ストレス耐性が高く、ストレス状況の中でも感情的になることなく、常に明るく前向きに打破している。	3.0	3.0	2.0	2.5	12
				3.0	2.5	2.6	2.1	
				3.2	**2.4**	**2.7**	**2.4**	
マネジメント	目標設定・達成力	積極的目標設定	量・質ともに常に高い目標にチャレンジし、自分やチームの成長の可能性を引き出している。	3.0	2.0	2.0	2.0	13
		実現に向けた具体的計画	経営ビジョン・方針と連動し、明確な目標と達成行動に向け積極的・具体的な計画立案を行っている。	3.0	2.0	2.5	2.0	14
		計画遂行力	目標と現状のギャップを常に確認・予測し、ギャップに対してタイムリーに効果的な対策を講じている。	3.0	2.0	2.5	3.0	15
		実現執着力	常に目標達成のイメージを鮮明に持ち続け、実現に向けた意欲を常に高いレベルで保有している。	2.0	2.0	2.5	2.5	16
				2.8	2.0	2.4	2.4	
	問題解決力	論理的思考力	問題や課題に関して、原因と結果の因果関係を整理し、論理的に解決している。	2.0	2.0	2.0	2.5	17
		判断力	仕事の目的・手段を適切に把握した上で、タイムリーな裁量判断で行動している。	4.0	3.0	2.5	2.5	18
		改善定着力	問題発生のパターンを分析し、再発防止策を打ち出し現場に定着させている。	3.0	2.5	2.5	3.0	19
		柔軟性・革新性	状況に応じて仕事のやり方を抜本的に変えるなど、改善に向けた革新性を発揮している。	3.0	2.0	2.5	2.5	20
				3.0	**2.4**	**2.4**	**2.6**	

アセスメント評価項目			
マネジメント	職場改善力	職場改善意識	担当部下、関係メンバーに対し職場改善行動を促し、自らも積極的に改善提案している。
		業務品質向上	業務遂行上で気づいた問題点・課題をタイムリーに改善行動(5S・QC活動など)につなげている。
		コスト意識	コスト意識を持ち、仕事の内容や結果を客観的に数値で捉え分析・判断し、効率改善につなげている。
		改善ノウハウ蓄積	知り得た情報・データや改善実施したことを体系的にまとめ、改善ノウハウとして建設的に積み上げている。
	チームマネジメント	リーダーシップ	個々の目標や行動のあり方を、常に明確かつ具体的に示し、チーム内に浸透させている。
		チームワーク	自らはもとより、部下・後輩にも共に考える姿勢を持たせ、相互に協力・支援して目標達成に向かう風土創りをしている。
		チームモチベーション	ポジティブストローク(励まし/労い)等、チーム全体を勇気付けるための影響力を発揮しており、チームモチベーションを高くキープしている。
		共有化	自らが獲得した情報やノウハウを、タイムリーに組織に普及・還元し、チーム財産として具現化している。
	人材育成力	他者理解姿勢	部下・後輩の仕事上やプライベートなど、公私に亘る生活に関心を持ち、個性や資質、価値観を理解しようとしている。
		中・長期的部下育成	部下・後輩一人ひとりの中・長期的なキャリア・プランや指導テーマを明確にイメージし、計画的に育成している。
		オリジナル育成対応	自分のやりたい指導に偏らず、長所伸長など部下にとって最良を考え、情熱を傾けた育成・指導を行っている。
		大幅権限移譲	業務を抱え込むことなく、育成観点から大幅な権限移譲を実施し、組織や人材の主体的成長を促している。
成果		業績向上	担当業務における業績は、年々着実に向上している。
		改善レベル	担当業務における改善スピード・改善レベル・効率性は、年々着実に向上している。
		部下・後輩育成効果	担当部下・関与する後輩や同僚は、年々着実に成長している。
		自己成長性	自分自身の意識面・知識面・技術面は、客観的にみて、年々成長している。

総合平均点

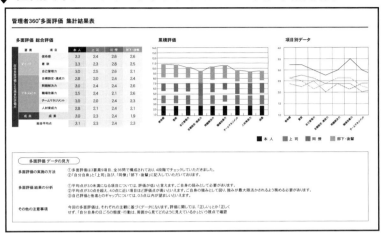

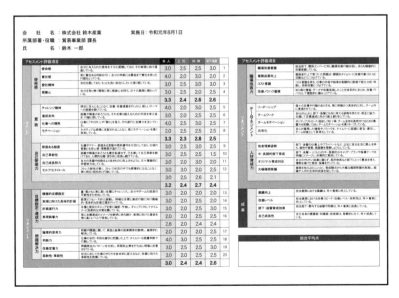

360度多面評価では、評価自体の精度はあまり重要ではありません。評価はどれも印象によるものですから、論理的なものではなく、評価結果から行動改善を求めるのは性急すぎます。肝心なことは、自他の評価の差にある背景を探ることです。研修では、まず各自に360度多面評価の結果を約30分かけて考えてもらいます。なぜ自分はよくやっていると思うことが、他人からは物足りないと映るのか、30分間は意外に長い時間ですので、いろいろなことが頭をよぎります。

本人は自信ある態度をとっているつもりでも、それが不安の裏返しである虚勢であったり、他者への不信から周囲を頼れないがゆえの行動であったりする場合、そうしたネガティブな心持ちが必ず態度に表れます。そういう背景を考え、意識的あるいは無意識的に隠している自己を開示するきっかけをつくるのが360度多面評価です。

周囲はみんなわかっているのに、自分だけが知らないことも次々と表面化してきますが、みんな概ね同じような状況ですので次第に安心して自由な発言をはじめます。

「先生、うちの会社はひどいもんです」

ついにこんな発言まで飛び出しました。**何がひどいのか、聞いているうちにわかったことが、管理という名の監視システム、監視することに耐えられなくて半分以上が**

辞めていくという現状だったのです。

■人生の主役は自分自身

キャリア・カウンセリング研修は3つの柱で進めます。

1. 自分の生きざま、人生から物事を考える
2. エゴグラム分析（146ページ）で自分の性格から考える
3. 360度多面評価（176ページ）による周囲との関係性から考える

こうして自己開示していくことで、研修生の一体感が高まります。そこから自分の人生を考えるステップに移ります。4年で辞めて次の人生を進むのもよし、ファブレスで頑張るということでもよし、と自分のキャリアを真剣に考えてもらうステップです。

「ファブレスをもっと良い会社にするという選択肢もあるんじゃないか」

私のこの何気ない問いかけから、未来への可能性を機微に感じたのでしょう。研修生の心が大きく動き出しました。その一言が、いわば彼らの心のスイッチに一瞬触れたのです。

5 トップが変わらなければ！社員が社長を動かし第2創業宣言へ

会社は20代までの仮の宿、ある程度お金を貯め、腕を磨いて自信が付いたら次の会社へ。

これがファブレスの20代社員の偽らざる心境だったと思います。仮の宿ですから、自社をよくしよう、自分たちの手で改善しようという気持ちはありませんでした。

自分たちはそれでよいかもしれないが、後に残った人たちは相変わらず非人間的なチェック体制のもと、される側も、それをする側も苦しみ続けることとなる。

それでいいのか。

厳しいチェックと徹底した監視で伸びてきた会社ですから、これらのシステムがファブレスの成功モデルです。成功しているビジネスモデルを変えようという人は一人もいません。

しかし、この4年目社員のキャリア・カウンセリングで、はじめてビジネスモデルを替えようという提案が出てきました。

私は離職率改善を目的とする研修を請け負った経営コンサルタントとして、彼らの提案を社長に手渡しました。

彼らの提案の肝にあたるのは、「もっと自分たちを信じてほしい」ということです。

彼らが、自分の人生に真剣に向き合い、会社のことをより深く掘り下げて考えた結果、心の底から絞り出してきた提案です。短く拙い提案ですが、魂のこもった言葉が相手に伝わらないはずがありません。

「自分たち社員から変わらなければ」

言葉には魂が宿ります。それを昔の人は「ことだま（言霊）」と呼びましたが、4年目社員の提案は、まさに言霊だったのです。

4年目社員はファブレスをいっときの仮の宿ではなく、人生を賭ける会社として見ようとしはじめていました。

彼らの提案が、**監視への不満やチェック体制の厳しさに対する不平から出たものではなく、「自ら進んでより良い会社に変えよう」との決意から出てきたもの**であることは、私から説明する必要はありませんでした。

この提案を見たとき、社長の心にも期するものがあったはずです。

社長は次に実施したマネジャークラスの研修に、オブザーバーとして部長と一緒に参加しました。研修が終わりを迎える頃、部長からも「自分たちが変わらなければいけない」との声が挙がりはじめ、予定外であった部長層のキャリア・カウンセリング研修を実施していくことが決まります。

さらに、部長研修が終わると、今度は「自分たちこそ変わらなければ会社は変わらない」と社長をはじめ、役員全員の研修を行うことに繋がっていきます。

川上が澄んでいなければ、川下の水が清らかになることはありません。

社長や役員が変わったことで、ファブレスの組織風土は大きく変わりました。経営課題への取り組みが変わり、それに伴い業績も変わり、今では新しい会社として生まれ変わっています。

私も経営改善の現場に長く携わってまいりましたが、上層の意識改革が、より下へと伝播していくことはよくあるものの、**一般社員の研修が発端に、より上の階層へと飛び火し、最終的に会社全体を巻き込み会社を変えていく事例は多くありません。**

「これまでの経営のやり方を猛省し、会社を生まれ変わらせよう」とする、並々ならぬ社長の決意がもたらした成果なのでしょう。

会社が生まれ変わってきた原点は、社長が研修終了時に書いた「決意宣言」の内容が物語っています。

社員それぞれには、それぞれの人生があり、それぞれの家族があり、それぞれの家庭に幸せがある。会社は、彼らの人生のすべてではないが、その大半を預かっている。社員が真剣に信頼し合える組織をつくりたいと考えているなら、会社もそれに応えなければならない。

自分の創りたかった会社は今のような会社ではない。もう一度原点に戻り、社員と共に会社を創り直そう。それが社長の「決意宣言」（次ページ）でした。

ファブレス社長の決意宣言

『新しいファブレス創造』に向けた自己革新の決意と皆さんへのメッセージ

ファブレスも創業16年が経ち、組織ができてきました。
しかしながら、実態は悲しいかな「個人商店」でした。

現場への極度の不信・心配・こだわり・チェック気質。
現場責任者、ひいてはマネジャーに至るまで任せているようで、実態は任せていなかった。

その結果…、
現場、とくに若手を極度のネガティブマインドに入らせ、新しいことへのチャレンジや前向きな考え方ができなくなっていた。
これでは次の目標である「100億円企業」などの達成は夢のまた夢であり、また、ファブレス理念の一つである「社会に役立つ人材の輩出」もできるはずもない。

そこで私は、今日この日を下記スローガンに基づき、第二創業日(原点)として、決意したい。

『脱　個人商店!!真の企業体へ』
～「ポジティブシンキング集団　ファブレス」の創造を目指したい!!～

本当に現場を信じて、任せきる!
権限を委譲して、人材を育成したい!
次につながる新規事業を、強力に推進したい!
(IT・PCU・FSVを立ち上げ、ファブレスの礎にしたい!)
そして、世界への事業展開にも力を入れる!
私は、次なる100億円企業のベースとなる事業へのビジネス・新事業に力を入れる!

これらを宣言、決意します。

6 オーナー力スイッチを社長はしっかり入れる

今年（2019年）は、日本でラグビーワールドカップが開催されます。

ラグビーではよく「オール・フォア・ワン、ワン・フォア・オール（みんなはひとりのため、ひとりはみんなのため）」といいます。

「社員が主役の会社づくり」の研修とは、いわば社員のオール・フォア・ワン、ワン・フォア・オールのスイッチを入れる研修といえます。

ただし「社員が主役の会社づくり」は、そこがゴールではありません。

仲間と共に働くことに働き甲斐を見いだし、職場や会社への貢献にスイッチが入り活性化された組織は、その後どこに向かうのかが大事になってきます。

どこに向かうのか、何のために行うのか、それらの方向性を明確に定めていかないと、今か今かと大出力のエンジンを吹かすものの行き先が決まっていない車と同じになってしまいます。

ここが社長の出番です。

方向性は社長が決めなければ誰も決められません。船頭多くして船山に上るといいます。しかし、真に船頭を務められるのは社長だけです。

「社員や組織の関係性」と、「会社改革の方向性」、このふたつが「社員が主役の会社づくり」の両輪となります。

■社長が意識改革するとすべてが変わる

実は、社員のスイッチを入れるのに最も強い影響力を発揮するのも社長です。

後の章で詳述しますが、社員や組織を変えようと思ったら、「社長自身が変わること」以上に効果的な方法はありません。

「**スイッチが入り、社員が会社の問題をヒトゴトからワガコトと考えるように変わりはじめる**」

この時、より積極的に会社の高次の問題解決に取り組む組織に生まれ変わらせるには、社員同士の関係性は無論重要な要素ですが、それに劣らず、会社と社員、さらに社長と社員の関係性が良好であることが重要な要素になってきます。

社長が社員のところまで下りてきて、社員との間に和を築く。つまり社長と社員が共感できることが、真の望ましい関係性ということになります。

このような成熟した関係性を築くためには、社長の目指す理想や長期目標に社員が共感することが欠かせません。この共感とは方向性への共感、いわゆるベクトルの一致です。

強い会社を創れるか否かは、「社長自身が積極的に変われるか、変化を受け入れることができるかにかかっている」と言っても過言ではありません。

駒のように、芯がズレると遠心力が働きうまく自立できず、芯が定まっていれば強い求心力が働き、安定した回転が長期間可能になる。組織も同じではないでしょうか。

社長が変われば社員が変わります。社員が変われば会社が変わります。会社が変われば業績が変わります。好循環の組織改革の芯には常に社長がいる。

これは疑いない事実です。

■同規模、同業種、同業態でも優劣の差が出る

そもそも会社の強さ弱さとは、どこから来るのでしょうか。

私が長年携わっているクライアントにCVS（コンビニエンスストア）チェーンがあります。全国の加盟店オーナー向けに、それぞれの店舗の経営状況や課題に合わせたビジョンをアドバイスしたり、具体的な経営計画を立案するお手伝いをしたりするのが私の役割です。

全国5万8000店舗にまで拡大したコンビニ業界ですが、近年飽和状態との指摘も叫ばれる中で、今でも成長を続けている不思議な業界です。

その拡大や競争のしわ寄せが各加盟店の経営にのしかかり、24時間営業の是非が社会問題となるなど、各現場では命を削る経営へと様変わりしてきています。

そのような情勢の中で、加盟店とのパートナーシップや信頼関係づくりに主眼を置くCVS本部があります。

双方が生き残りを賭けて取り組むあまり、どうしても敵対的な関係に陥りがちな中

で、加盟店オーナーが集まる場に本部のトップ自らが参加し、オーナー全員に対して膝詰めで今後の経営の在り方を議論されています。

利害が激しくぶつかる場であり、避けがちな場面ですが、あえてその場に出向こうとされている姿勢に共感し、私も長年専任講師として登壇させていただいています。

CVSチェーンは、ビジネス全体をとらえると、本部がどこであってもお店に決定的な違いはありません。商品構成もサービスも概ね同様です。唯一の違いは立地ですが、飽和状態にある地域では、それも差別化要素ではなくなりつつあります。品揃え、オペレーション、クリンネス、どれをとっても揃っていて当たり前、サービスレベルが十分行き届いていて当たり前、それらが欠けていたら消費者から見向きもされなくなる、そんな中で戦う業界です。

にもかかわらず、同じ条件下の加盟店同士でも確実に業績の差が出てしまい、勝敗が分かれます。

両者の違いは何か。それは**最終的に、お店のスタッフが醸し出す雰囲気で決まります**。スタッフが生き生きとして雰囲気の明るいお店にはお客さまが自然と集まります。それは言うまでもなく、人は雰囲気の悪いところで買い物をしようとは思わないからです。

では、なぜスタッフの雰囲気が違ってくるのか。それはオーナーの力が違うからです。それを気づかせてくれる事例があります。

群馬でCVS5店舗を経営するオーナーがいらっしゃいます。聞けば、これまで紆余曲折あり決して順調に成長されてきたわけではありませんが、5店舗それぞれが活気に満ち、厳しい競争環境の中でも健闘されています。**そのオーナーの決定打は、「人を大切にする」その経営姿勢にあります。**

とくに、創業以来23年間、一度も社員やアルバイトの募集をしたことがないという事実には驚かされました。

現在、人手不足業種の代表のようにいわれているCVS業界で、なぜ求人をかけずに経営できたのか。この疑問は、オーナーの携帯電話に残っている写真を見て払拭されました。

■オーナー力が勝敗を分ける

成人式を終えたアルバイトの方々が満面の笑顔でオーナーを取り囲むように映って

います。

聞けば、毎年成人式の日になれば、会場から真っ先に報告に来てくれるとのこと。学校の卒業と共に入れ替わるアルバイトですが、全員が後任をつくり、動機づけ、送り続けて23年。社員の方も同じように、自分の責任で業務が回るように段取りするのが恒例になっているとのこと。オーナーの人柄がそのような風土を育てているのでしょう。

このように、差別化しにくい業界であっても、オーナー力が勝敗を分ける。言い換えれば、**最後は社長力によって勝敗が決まる**、どの会社にも当てはまることではないでしょうか。

人は自分を大事にしてくれる人を大事にします。

自分を大事にしてくれる会社を大事にします。

仮に一時的なアルバイトであったとしても、自分を大事にしてくれる人の会社は大事にするのが人間なのでしょう。

7 今いる人だけでも今まで以上の成果は出せる

経営とは限られた経営資源の傾斜配分であり、その配分の妙が経営者の手腕といわれます。

経営資源に限りがあるのは中小企業だけのことではありません。

どんなに大きな会社でも無尽蔵の経営資源を誇るところはなく、程度の差はあれその配分に頭を悩ませているはずです。

しかし、**有限な経営資源の中で、ひとつだけ自ら価値を増やしていくことのできるものがあります。それが人的資源、すなわち「人」です。**

ひとつの機械の出力はスペックが1と定められていれば1が限度ですが、ひとりの人間が生み出す成果は、今日は1でも明日は2にも3にもなります。

今いる人が今日全員で10しか成果を上げていなくても、働きかけ方次第で明日には20、30となる。人数は変わらず、顔触れも変わりません。それでも成果は2倍、3倍となる。それが人という資源の魅力的な本質でもあります。

現有の経営資源で会社を浮上させようとするならば、人の力を伸ばすことが最も効果的な手段となります。この点については、基本的に異論はないと思います。

しかし、今いる社員に今まで以上の成果を出してもらうには、どうすればよいかとなると、意見百出です。

この本以外にもさまざまな専門家が、さまざまな方法論を展開しています。

しかし、大別すれば「はじめに(本書を読む前に)」で述べたとおり、ルールを徹底し強制的にやらせる方法か、本書でこれから展開するような、社員に自発的な改善を促す方法かのいずれかに集約されてくるのではないでしょうか。

人間は環境次第で変わる

社員の自発性を刺激する具体的な方法論の前に、まずいくつかの前提について確認しておきます。

各論に入る前に、本当に同じ人がそんなに変わるものなのか、人の意識が変わっただけでそんなに成果が違ってくるのか、という点を確かめておかないと、人の自発性を促すための方法論も信用の薄い空虚な論になってしまうからです。

方法論の信頼性を担保するには、私がなぜこのやり方に至ったのかについても明らかにする必要があると思いますが、それは別の章で述べることといたします。

同じ設備、同じ人員でリストラなしに業績がV字回復した会社は、けっして少なくありません。しかし、すべてのケースで望ましいやり方がとられたわけではないのも、残念ながらまた事実です。

残念なケースをひとつご紹介しましょう。

大手企業にM＆Aされることになった中小会社がありました。M＆Aされる中小会社の社員たちは、合併後に自分たちのポジションがなくなるのではないかと危ぶみ、M＆A直前の期に自分たちの価値を高めるため必死になって業績を上げ、過去最高の結果を出しました。

中小会社の社員の置かれた立場は、韓信の「背水の陣」に置かれた兵士と同じで、生き残るために必死で奮闘したのです。

マズローの欲求5段階説でいえば、生存の欲求が脅かされた事態ということになりますから、こういうとき人は必死になって頑張ります。

火事場の馬鹿力を発揮したわけです。

ところが危機に瀕して発揮する力は一過性であり揮発性のものですので、大手企業にM&Aされてからは、今さらやっても何もならないとばかりに、まったく業績は振るわず毎年のように赤字を出してしまいました。

「背水の陣」つまり危機感を煽る手法は何度も使えないということです。本当に人を変えるには、もっと根本的な部分に訴えなければなりません。

■誇りと尊厳を取り戻すことで人の意欲を回復

多くの人がご存じの例を紹介します。

二宮尊徳という人をご存じでしょうか。江戸時代末の篤農家で、昔は全国の小学校に彼の少年時代の石像や銅像がありました。彼の功績は、農業が不振で廃村寸前の村々を立て直したことです。今日でいえば企業再生の達人といえましょうか。

尊徳は村の指導者ですが、彼のやったことは毎日だれよりも早く農地へ出て、だれよりも遅く家に戻ることでした。**技術指導は、まず人々の心に誇りを取り戻さなければ何の役にも立たない**。これが尊徳の考えです。

廃村寸前で農業をあきらめ、城からの援助で暮らすことに慣れ、自暴自棄の負け犬根性に堕してしまった村人には、まず農家としての誇りを回復させなければなりません。

村人たちは、雨の日も風の日も、けっして変わらぬ尊徳の態度を見て、自分たちの怠惰と弱気を恥じ、ひとりふたりと村の再生に取り組むようになりました。

人の心にも、身体と同じく自然治癒能力があるのです。

尊徳は、村の復興に必要なのは村人の誇りと尊厳を回復することにあるとして、城からの資金援助をきっぱりと断り、村人の自立を促したのです。それが後々襲われることになる天保の大飢饉を一人の犠牲者も出さず乗りきることに繋がってきます。

人は意欲によって出す結果が大きく変わりますが、意欲は欲や得だけに刺激されるものではないのです。自尊心や使命感という無償の報酬が、人を動かす本質なのかもしれません。

8 人の行動は意欲によって活発にもなり鈍くもなる

そもそも意欲とはどういうものなのか、その正体をすこし見ておきましょう。

マネジメントでは、人の出力とは「知識・技能×意欲」としています。掛け算ですから知識・技能が10の人であっても意欲が0であれば出力は0、知識・技能が1の新入社員でも意欲が10あれば結果は10になります。

知識・技能は一度身に付けたら急激に上下動しませんが、意欲は何かのきっかけで大きく変動します。

意欲を別の言葉に言い換えれば、やる気です。

やる気はその日の天候のようなもので、突然出なくなったり大いに高まったりします。知識・技能が習得に時間を要するのに対し、やる気は瞬間的に高めることも可能です。しかし、そのような瞬間的な高まりはあまり当てになりません。瞬間的に高まったやる気は、すぐに萎《しぼ》んでしまいがちだからです。

組織改革の場面において重要な、「社員一人ひとりの意欲」「集団でとらえた時の組織全体の意欲」とはいったい何なのか、そしてその意欲を掻き立てるにはどうすれば良いのか、これらの説明は後ほど実務の章でも致しますが、意欲についてもうすこし触れておきたいと思います。

自分のためには頑張れない人もいる

意欲の中身を因数分解していきますと、「自尊心」「利益」「誇り」「向上心」「価値観」の5つという具合でしょうか。

これらを総称して「環境」ということもあります。

このいずれかにスイッチが入ったときに意欲は高まり、逆にいずれかでも傷つくとにわかに減衰してしまいます。

意欲の5要素は、他者からの働きかけで刺激を受けるものと、自ら保つ努力が欠かせないもの、さらにその両方が必要なものとがあります。

自尊心は仲間から認められたり、人から賞賛されることで良い刺激を受けます。利益も他者から与えられるものです。誇りや向上心は、自らプロ意識や使命感を持つことで高まります。

これらは自分のためですが、価値観の中には仲間への貢献、社会への貢献もあります。人によっては自分のためにはあまり頑張れないが、人のためならより頑張れるということがあるのです。

太平洋戦争末期の日本は学徒出身の兵に特攻を命じました。

彼らは戦争だから死ぬことは仕方がない。しかし、自分は何のために死ぬのかと自問自答しました。究極の自分への問いかけです。

そんな特攻隊員のひとりだったIさんは、思い悩むうちにいつの間にか母校に足が向いていたといいます。

母校の脇にある坂道にさしかかったとき、坂の上から小さな子どもを連れた若い母親が歩いてきました。そのときIさんは、「そうだ。自分はこういう人たちのために死ぬんだ」と思ったそうです。

自分の大事な命を自分の名誉ではなく、本土で暮らす人のために使う。それが自分を特攻へ向かわせる心の支えになったといいます。

吉田満氏の『戦艦大和ノ最期』にも「未来の日本人のための礎になる」という若い士官の言葉が出てきます。

命より大切なものはありません。

しかし、その命を懸けるのは、自分よりも人のためなのです。

第 2 章

「社員が主役の会社づくり」の原風景

繊維の町の興亡という幼少期の記憶が
経営コンサルタントの道を選ばせ、
20代前半の経営体験によって
企業の盛衰は社長次第と知った

1

19歳で起業、予備校生いきなり経営者になる

経営コンサルタントとして「社員が主役の会社づくり」をはじめたのは、私の生い立ちと無関係ではありません。

「**社員の意識を改革し、ヒトゴトと考えがちな会社の経営問題を、みんなが自然にワガコトと考えるようになれば、ほとんどの問題は解決し、会社の業績は必ずV字回復する**」。このことを、今では自信を持って言えますが、ここに至るまでの経緯は奇《く》しき因縁に導かれてきました。

こう言うと奇妙に聞こえるでしょうが、振り返ると、私は20代半ばまで導かれるように、ほぼ一直線で経営コンサルタントへ向かって進んできています。

私は１９６４年に京都府京丹後市網野町で生まれました。

1964年というのは前回の東京オリンピックが開催された年です。日本は、現在の中国やASEAN諸国のような高度経済成長のど真ん中でした。

今となっては信じられない数字ですが、年間のGDP成長率は2ケタが当たり前という時代です。

京丹後市というのは高級絹織物である「丹後ちりめん」の生産地、私の父は農林省の技官でしたので直接関係していませんが、私の周辺には繊維、機織りの人たちがたくさんいたことを覚えています。

後年、私がコンサルタントの道に入るときには、この生まれ故郷での原体験が強く影響しました。

高校の卒業が間近になり、私は獣医を目指し北海道大学農学部獣医学科を受験しましたが失敗、やむなく京都で予備校通いをはじめます。

軽い気持ちではじめたバイク便が大成功

浪人生活は19歳の私にこれまでの高校生活にはなかった環境と刺激をもたらしました。

勉強はしなければなりませんが、朝からずっと学校にいなくてはいけないわけではないので、自然といろいろなことに目が向くようになります。

その頃、私の友人には車好きが多く、趣味の車やバイクの話をしているうちに、ひょんなことから、当時ちらほら現れはじめていたバイク便をやろうということに。

創業メンバーは私を含め3人、最年長が26歳、最年少が19歳の私でした。

商売として儲かりそうだからやるという事業家的な意識などはなく、車は持っていないがバイクならある、好きなバイクで小金が稼げるならちょうどいいじゃないかという軽いノリではじめたビジネスです。

当時の日本は2度のオイルショックを経て、かつての大量生産、大量消費から多品種少量生産へシフトしていた時代です。

産業構造も鉄鋼に代表される重厚長大型産業から、コンピュータなどの軽薄短小型へと主役が変わっていく最中でした。

私たちが運ぶ荷物も、小さな封筒に入ったマイクロチップひとつとか、今はもう見かけないフロッピーディスク一枚という仕事が多かったように記憶しています。

そういう時代に、バイク便という小型で小回りの利く輸送手段は適していたのでしょう。受験勉強のかたわらではじめたはずのバイク便ビジネスですが、思いもよらぬ繁盛ぶりで、たちまち自分たちだけでは手が回らなくなり、アルバイトも雇って毎日走り回らなければならなくなりました。

世界のHONDAから評価される

ビジネスはうまくいっていると楽しくなりますから、バイク便が軌道に乗ってくると、もう受験勉強どころではありません。

配達しながら次々とお客さまの開拓です。

そうしたお客さまの中に、本田技研の京都パーツセンターがありました。HONDAの二輪車、四輪車のパーツ2万5000点を持つデリバリーセンターです。

ここからエリア内の自動車ディーラーや整備会社、バイク屋さんに急ぎの注文品を届けるのが私たちの仕事でした。

私たちは、アルバイトも含め車好き、バイク好きの集まりですから、パーツにも詳しく「この車種はモデルチェンジしていますから、パーツも変わっていますよ」とか

「キャブレターは電子制御になってますから、こっちのパーツでないと」と、その場で納品先の人とも話ができました。

そのため、納品先のエンジニアも「それなら、そっちのほうをもらおうか」と、私たちを頼るようになります。そういうパーツに詳しい配達業者はいなかったのでしょう。車好きがノリではじめたことが功を奏したわけです。

それがお客さまから高く評価され、私たちはＨＯＮＤＡの関西方面のパーツの配送を任されるようになります。

私が20歳のときでした。

私は経営コンサルタントになってから、**ずっと現場、現物主義を貫いていますが、すべての課題は現場にあり、すべてのチャンスも現場にあるというのは、この頃の実体験から得た「胆識」と言えるかもしれません**。

胆識とは陽明学者の安岡正篤氏の発明した言葉で、学問で覚えるのが知識、知識に経験が加わると見識となり、見識に行動が伴ったものが胆識となります。

いささか口はばったい言い方をしますと、実際にやってみて身に付けた胆識が私の現場現物主義ということになります。

2 HONDAから学んだ人事管理と生産性

とんとん拍子に進んでいるとはいえ、経営者が20代前半の若者ならアルバイトも20代の学生ばかりです。

どうしても管理や規律という点では脇の甘さがあります。事故を起こして配達ができない、あるいは時間どおりに配達できない。アルバイトの遅刻、欠勤もしょっちゅうでした。

そういうときは、私たち経営陣が自分で車を動かしてフォローします。私は必要に迫られ、徐々にマネジメントの必要性を感じ、そのための勉強にも手をつけはじめました。

予備校の勉強はほとんど投げ出したようなかっこうですが、人生には結局、勉強がついて回るということでしょうか。

マネジメントの勉強はＨＯＮＤＡが学校です。

私は21歳になったとき、バイク便ビジネスを法人化し、ＨＯＮＤＡの京都、滋賀、大阪、兵庫のパーツセンター・デリバリーセンターの仕事を請け負うようになります。

■いつの間にかサプライチェーンの一角を担う

はじめのうちは配送だけを請け負っていましたが、次第に各センターの管理全般を任されるようになります。

私はＨＯＮＤＡの社員研修にも参加させてもらいましたので、当時のロジスティクスの最先端技術や在庫管理の実務についても、理論と実際で勉強することができました。

私が今、経営コンサルタントとして活動できているのは、この頃のＨＯＮＤＡのマネジメント教育のおかげと思い、今でもＨＯＮＤＡには感謝しています。

配送のルート設定や配車の段取りのみならず、入出庫管理、出荷作業の標準化と出荷ミスの最小化、コンピュータ上の理論在庫と実在庫の差異率の最小化など、物流管理の基本は21歳のときに身に付けました。

生産現場から消費者と対面する販売の現場までの一連の流れをサプライチェーンと言いますが、私は本来であればまだ学生の21歳のときに、HONDAのサプライチェーンの一角を任されたのです。

もし、私が普通に大学を卒業してHONDAに入社したとしても、新入社員にはとてもここまでの教育はできませんし、また実務を任せてもらえることもありません。

私は大学受験に失敗したからこそ、異例の若さでHONDAのパーツセンターのオペレーションを任されることとなったのです。

人生は何がチャンスとなるかわかりません。

在庫管理で全国1位に

パーツセンターにとって、やっかいなのが帳簿上の理論在庫（当時はすでにコンピュータを導入）とセンター内にある実在庫の差です。

1985年、プラザ合意によって急激な円高となりました。

輸出が主力の企業にとっては大変厳しい環境です。

輸出企業であるＨＯＮＤＡも例外ではありません。

在庫は出荷すれば売上ですが、センター内にあるうちは経費の塊ですから、管理をおろそかにすると財務上の大きな負担となります。

適正在庫の量を把握するためには、まず在庫管理がきちんとできていなければなりません。そのための一丁目一番地は、理論在庫と実在庫の差異を限りなくゼロにすることにあります。

理論在庫とは、メーカーや販社に発注し入庫したパーツの数量を記録したものです。

一方、現実にセンター内の置き場に残っているパーツの数が実在庫です。

両者は一致するのが当たり前なのですが、むしろ一致することは珍しいというのが実態でした。

入庫、出庫には必ず人間が関わります。

人間がやる以上、何らかのミスはあります。その代表的なものが出庫ミス。出庫する品を間違える、数を間違えるといったミスで、実在庫に理論と差が生じます。

小さなビス一個でも差異は差異、この差を何とかして限りなくゼロに近づけなくてはなりません。

それが私の役目です。

私は出庫ミスを減らすために、出庫のやり方だけでなく入庫のやり方を改めました。

上流が濁っていて下流が澄むことはありません。

出庫しやすい状態で入庫する。

一見すると手間がかかるだけと思われるやり方ですが、入庫をきちんと整えることを標準化しました。

数え間違いをしやすいような在庫の置き方を避ける、形状を混同させるような乱雑な置き方をしない等、細かなひと手間を入庫の際にかける。

入庫を担当する人の気づかいは、必ず出庫する人に伝わります。

現場で出庫している立場からは、これが大事なのです。

その結果、私が担当していたパーツセンターは、理論在庫と実在庫の差異が全国で最も小さいモデルセンターとなりました。

これも現場現物主義の考え方の原点となる体験だったと言えましょう。

3 経験を生かす仕事は経営コンサルタント業しかない

バイク便ビジネスをはじめて5年、気がつくと従業員はアルバイトを含め常時100人となっていました。創業のメンバーのうち最年長が31歳の社長で、2番目が2歳年上の専務、私が24歳会社のナンバースリーという立場です。私の軸足はHONDA。HONDAのパーツセンターという得意先を持っているため、会社の業績は順調でした。

しかし、この頃から若い人が辞めることが多くなりました。徐々に会社の空気が悪くなっているような話が、私の耳にも入ってきます。

時はバブル経済のピークです。株価は空前の高値を付け、都心の土地は億単位で急上昇していきます。そんな時代に会社が成功してお金が入ってきたのですから、創業者のふたりも熱に浮かされたのかもしれません。お金が入ると人が変わるとよく言われますが、私はその言葉が嘘ではないことを実感しています。

私自身はＨＯＮＤＡのサプライチェーンの一角を任されたことで、マネジメントの面白さに目覚めたところでしたから、お金よりももっぱら仕事に関心が向いていました。

しかし、経営者が自分のお金のために会社を道具にするようでは、そこに働く人たちにとって会社は大切な存在ではなくなってしまいます。

パーツセンターの管理を任せることのできる後継者をつくって、私は自分が創業した会社を去ることにしました。

創業から６年目、私が25歳のときです。

原点は70年代の京丹後市網野町

会社を辞めてどうするか。

私は不思議と迷うこともなく、現在の仕事である経営コンサルタントの道を選びました。偶然ではなく、意識して経営コンサルタントになろうと、現在も籍を置く京都にある新経営サービスへ入社したのです。

私が創業した会社を飛び出し、経営コンサルタントの道へ進むことにしたのは、HONDAで学んだマネジメントの「胆識」を生かしたかったことと、その力を中小企業のために使いたかったからです。

中小企業の救済というと、すこし大げさに聞こえるかもしれませんが、新経営サービスのドアを叩いたときは本当にそんな気持ちでした。

その理由は、私の小学生時代の原体験にあります。

■次々と倒産した中小企業の実態

私は先述したとおり、高級反物である「丹後ちりめん」の生産地の生まれです。繊維の街は、日本全国おしなべて1973年がピークでその後急速に衰退しました。

現在、化粧品事業だけが残っているカネボウは、元の社名である鐘ヶ淵紡績といっていた1970年代前後には日本で最大の輸出量を誇る超優良企業でした。

繊維や衣料品は日本の輸出の花形であり、丹後ちりめんのメーカー、いわゆる機屋《はたや》さんは時代の寵児でした。

しかし、1973年に920万反あった生産量は急速に衰退します。その後も長期凋落傾向は続き、2016年の生産量は31万反、往時の3%程度しかありません。

突然の繊維不況は、アメリカに対する輸出の自主規制によるものです。

悪いことは重なるもので、1973年の秋に第一次オイルショックが起き、それまで右肩上がりだった日本経済は過去に経験しなかった大不況に襲われます。

繊維業界は、自主規制による不況に加え、オイルショックによる世界不況という二重の困難に直撃されたのです。

とても中小企業が耐えられるものではありません。

小学生だった私の周りでも、機屋さんの倒産が相次ぎ、仕事を失った友達の家が遠くへ引っ越したり、通学路のあちこちで「あの家は自殺があった」「あの家は夜逃げした」という陰惨な噂が飛び交いました。

繊維関係の企業でも大きな会社は何とか持ちこたえました。

しかし中小企業はあっけなく倒れる。倒れたときの悲惨さは子供ながらも記憶に強く刻まれています。

▩企業の盛衰は経営者次第

私はマネジメントの知識は企業を支える、わかりやすく言えば儲かる会社にすることができるということを、ＨＯＮＤＡの社員研修とパーツセンターの現場体験を通じて知りましたので、自分の覚えた知識を中小企業のために使いたいという思いがありました。

もちろん未経験の分野ですから、本当にできるかどうかはやってみなければわかりません。しかし不思議と不安はありませんでした。

できれば経営コンサルタントになりたいということではなく、そうなることは自分の使命という気持ちだったように思います。

そうして私が経営コンサルタントをはじめて10年後、私が創業に参加したバイク便の会社はなくなりました。

倒産に至った理由は聞きませんでした。なぜ倒産したのか、あえて聞くまでもありません。会社の状態はよくても悪くても、経営者にその原因があります。

倒産の理由は繊維不況のような大きな変化によるものもありますが、私が創業に参加したこの会社のようにほとんどの場合、経営者の資質に尽きます。

経営者を救えるのは社員だけ

自分が創業した会社ですし、かつての仲間のことを思うと胸中には複雑なものが去来しました。倒産は経営者だけでなく、社員とその家族をも不幸にします。さらには、取引先にも大きな被害を及ぼします。

経営者は孤独といいます。すべてに責任を負う立場というのは会社にはたった一人、経営者しかいません。

しかし、その経営者を支えているのは社員です。

社員に経営者の孤独を慰めることはできませんが、経営者を支え、ときには救えるのは他ならぬ社員であるということにも経営者は気づくべきだと思います。その関係は切っても切れない縁で繋がっていると思うのです。**社員一体となった経営だからこそ私は社員の意識改革に全力を傾けている**のです。

4 恩人からの不可能な依頼がコンサルタントとしての分岐点

当時の新経営サービスコンサルティング事業部は、文字どおり若い会社で、私の慕う田須美社長（当時事業部長）もまだ35歳、スタッフも6～7名という小さなコンサルタント会社でした。

中小企業は経営基盤が弱く、理念はあっても仕組みがないか、仕組みがあっても理念がないかのどちらかです。

理念があっても仕組みのない会社は鳴かず飛ばず、仕組みがあっても理念のない会社は頭打ちというのが相場でした。

25歳という経営コンサルタントとしてはかなり若い私は、この頃は「経営とはこうあるべき」という教科書どおりのやり方で企業に入っていきました。

仕組みのない会社には仕組みを、理念の固まっていない会社には理念経営の重要さを述べるという、いわば足らざるを補うコンサルティング活動が中心でした。生産性を上げ、品質を上げ、社員の意欲を上げ、業績を上げるという教科書に書いてあるすべてを追いかけていました。

依頼されるテーマも不況型に様変わり

この業界に入る前は、日本はバブル経済華やかなりし時でしたが、私の入ったのはバブルが崩壊したちょうどそのタイミングでした。ご存じのように、バブル崩壊後の日本経済は低迷を続け、失われた10年、20年という時代がはじまりました。

経営コンサルティングの依頼も、１９９０年前後には現状をさらに伸ばすためという話が多かったのですが、次第に落ちていく業績をいかに食い止めて、会社を支えるかというテーマに変わっていきます。

バブル崩壊から価格破壊、規制緩和と、従来の規律や秩序が時代遅れとされ、企業の価値観も働く人の価値観も大きく変わっていった時代でした。

変わらなければ生き残れない。

業績が悪化し、倒産件数が増える中、企業の改善改革ニーズは高まり、私たちの仕事も企業の要請に応じて組織改革の案件が増えてきました。

資金なしブランドなし打つ手なし

バブル崩壊後の10年はそんな時代でした。

経営コンサルタントになってからすでに10年、組織改革や業務改善の実績も積み重なり、経営コンサルタントとして自信を持ちはじめた頃、**昔お世話になった人からの依頼案件が舞い込んできました**。

オファーをいただいたのは、かつてHONDAにいて私に目をかけてくれた大先輩です。その方は、HONDAから別の会社に移った後、依頼者となる会社に関与していました。私がコンサルタントをやっていることをどこからか聞きつけ、会社の立て直しを頼むということでやってきたのです。

その頃、私も経営コンサルタントという仕事を通じて、顧客企業の社長や幹部の方と共に悩み、共に考え、共に汗する機会を多く得てきたこともあり、理論や理屈どおりにはいかない経営改善の在り方を体得し、現場に精通した経営の改善屋として一応の成果を上げていました。

それらの経験を生かし、できることなら喜んでお引き受けしたかったのですが、事前診断で会社のことを見ていくうちに、これは立て直し困難ということがわかりました。

どこかを改めれば浮上するというような状態ではなく、極端な言い方をすれば、商品に力がなく、販路も小さい、ノウハウも蓄積されておらず、ブランド力もないといった有り様でした。

不可能を承知で取り組みを決意

これではいくら仕組みを変えても業績が改善されるはずがありません。

しかし、大先輩の頼みです。このまま何も手を打たなければ、確実に会社は倒産してしまう。結果がどうであろうとも、とにかくやるだけはやってみたい。

恩人である大先輩がそこまでおっしゃるのであればと、本当に失敗を覚悟してお引き受けすることにしました。

改善の突破口を開けることをブレイク・スルーといいます。

しかし今回の依頼は、いわば〝Break Unbreakable（突破できないものを突破する）〟という不可能に挑戦するような仕事でした。

思えば、私のコンサルタント・キャリアはこうしたことの連続です。これまで、現物現場主義で会社改革を貫かせていただき、足腰の強いノウハウに育てていたおかげで、現在のやり方にたどり着くことができたと感謝しています。

5 気がつけば黒字！答えはいつも現場が知っている

ひどく難物ですが、お引き受けした以上はプロとしてできる限りの取り組みをしなければなりません。

しかし商品も、販路も、原価も変えられないのですから、仕事のやり方を変えても業績を変えることはできません。教科書どおりの取り組みではどうしようもない案件です。

そこで私は、唯一変えられること、つまり「人」に着目することにしました。人と人、仕事と人の関係性は、人の集団であれば必ず改善できます。

しかし、人の改善だけで果たして成果が出るかは未知数です。

それまでは人の改善と同時に、制度や仕組みのほうにも何らかの手を加えながら成果を出してきましたから、社員の意識改革がそのまま会社の業績に結び付くとは考えられませんでした。

とはいえ、とにかく改善できるものから手をつけるしかありません。

私は現在の「社員が主役の会社づくり」のやり方の原型のような形で、社員の意識改革に取り組みはじめました。

■相互の「無関心」と全員に共通する「疎外感」

いざ取り組んでみると、**この会社の社員の疎外感は半端なものではありませんでした**。お互いに対する関心が薄い。理解しようとも思っていません。また、何のために働くのかと考える意識もなく、毎日決められた時間に出社し、決められた作業をして帰るのが仕事という状態でした。

この状態では、仕事のやり方について改善しても、とても成果を期待することはできなかったと思います。

私は導入時の研修で、３６０度多面評価（176ページ）によって認識ギャップや組織内の関係性の希薄さをクローズアップし、エゴグラム分析を通じて、個々人の個性傾向や長所を活かす方法（146ページ）、ベクトルを合わせる連携方法、適切なリーダーシップ発揮の在り方を明示していきました。社員同士お互いをいかに知らないか、その希薄な関係を目のあたりにさせるというショック療法から入り、さらに深く自分自身を見つめる「自己内観」を実施しました。

そうすると不思議なもので、それぞれが感じていた疎外感の原因が、実は自分自身にあることに気づきはじめたのです。自分を変えることで自分と周囲との関係が変わる。お互いがお互いのために働くことが、自分自身のためになる。そこから共感と協調、一体感が生まれ、チームワークが機能しはじめることになります。

同時に、自分と自分の仕事の関係にも意識を及ぼすように働きかけました。何のために働くのか、働く意義は何か。自分と仕事との関係性を考えることで、社員に主体的に働きだす動機が生まれます。

■社員の意識と共に会社の業績が改善

そうこうしているうちに社員の主体性は徐々に上がってきました。

すると不思議なことに業績も次第に上向きになり始めます。

商品も、販路も、原価も変わりませんし、とくに生産性が上がるよう仕事のやり方を改めたわけでもありません。

ほとんどのことが以前のままなのに業績が改善している。変わったのは社員の意識だけのはず。

それなのに、なぜ業績まで改善し会社が黒字になるのか。

今から思えば当然のことなのですが、当時はまだ不思議でなりませんでした。

そこでわかったことは、現場の社員こそが現場の問題を最もよく知っていて、その解決策についても一番わかっているということです。顧客対応の在り方、営業の課題、個人や部門の連携強化による効率や生産性の向上、品質改善、等々。

彼らが問題を問題として認識せず放置しているのは、それを自分にとっての問題と

考えないからです。自分の問題と考えなければ、いくら目の前にあることでも、それは単なるいつもの風景に過ぎません。

解決策がわかっていてそれを実行しないのは、それが自分の仕事と考えていないからです。自分の仕事と考えないうちは、進んで提案することもなく、だれかに尋ねられない限りは応えようともしないはずです。

最悪の状況からのスタートがかえって幸いする

会社の問題がヒトゴトではなく、ワガコトとなってはじめて人は問題意識を持ち、そこから解決の道を探りはじめます。

今回、不可能と思っていた改善は数カ月で成果を得ることができました。

現場の社員が行ったことは、すべて小さなやり方の変更、小さな改善です。一つひとつは改革というには小さなことかもしれませんが、小さなことでも全社から集まれば大きな成果となり、会社を黒字にするには十分です。

乾いた雑巾は絞っても水は出ませんが、今までずっと低迷していた会社ですので、いわば濡れ雑巾のようなもので、効果が表れるのも早かったのだと思います。

その結果、現場の社員に自信が生まれました。

自信は好循環となって改善への意欲が高まり、さらに新しい成果を生み出します。

そんなことから、私は制度や仕組みを変える前にまず社員を変えることの大切さを痛感しました。

もうひとつ、**経営陣が自ら変わることに積極的だったことも大きい要因です。**変わらなければ会社は倒産ですから、ある意味では最悪な状況であったことが、むしろ幸運だったと言うこともできます。

■欠点凝視をやめて「美点凝視」を徹底する

ひととおりの仕事が終わって、私は大先輩に結果を報告しました。

そのとき私は、大先輩にははなはだ申し訳なかったですが、会社の業績が上がらなかったのは、現場の社員という宝を持ち腐れにしていた経営者に原因があるということをお伝えしました。

そして今回は緊急事態だからうまくいったが、「現場を生かす」「社員が主役」という意識を経営者が持つように改めないと、会社は再び業績不振に陥るはずだという苦言もお伝えさせていただきました。

改善の成果をキープするには、経営者自身の意識改革が欠かせません。

意識改革のひとつは「美点凝視」です。

改善・改革というと、基本は現状否定ですから、我々は現状の欠点探しに血道を上げがちです。しかし、こと人に関わる改善・改革ではこの考え方では通用しません。

現状否定のことを私は欠点凝視と言っています。

今回、大先輩からご依頼を受けた会社は、欠点凝視では恐らく業績回復は不可能でした。人に関する改善改革は美点凝視であるべきです。

元々、新経営サービスは美点凝視を基本姿勢とする経営コンサルタント会社ですが、私がそこに確信を得たのも大先輩のおかげでした。

6 「人にとっての会社」に改めると、人は3倍以上の力を発揮する

前述しましたとおり、私は25歳から35歳くらいまでは、人材育成で求める人材像も企業のあるべき姿（教科書どおり）から導き出していました。

つまり、「会社にとって望ましい人が人材である」という考え方です。

しかし、本当に大事なのは「**人にとって望ましい会社**」のほうではないかと、大先輩からコンサルティングの依頼を受けた会社の変化を通じて考えさせられました。

人にとって望ましい会社というと、働かなくても高い給料をくれる会社という戯画的な議論に陥りそうですが、報酬だけで人をとらえると間違えます。人にとって報酬は大事な働く理由の一つですが、それだけで人は働くわけではありません。

人が働くには生きがい、やりがいが必要です。したがって、「人にとって望ましい会

社」とは、働きやすい会社、気持ちよく働ける会社、働き甲斐のある会社ということになります。

働き甲斐のある仕事と混同しそうですが、それは働き甲斐のある会社と違って自己完結型です。ひとりでも達成感のある仕事をしていれば、それは働き甲斐のある仕事となります。

■「望ましい関係性」が「望ましい会社」を創る

一方、働き甲斐のある会社には仲間が必要です。働き甲斐のある会社とは、仲間のために貢献することに、喜びや生きがいを感じられる会社に他なりません。

働き甲斐のある会社であるためには、会社の仲間とのチームワーク、信頼、お互いの尊重等の望ましい関係性が必要なのです。

いかなる業種であろうとも、どんな仕事であっても、人は人に認められることでそこにやりがい・生きがいを見いだします。望ましい人と人の関係性を持っている組織は、その点で大きなアドバンテージを持っていると言えるでしょう。

人は集団の中でポジションを得て安心する動物です。

仲間から必要な人間と認められることで、安心して仕事に励むことができますし、集団に貢献したいという強い欲求も生まれます。

だから人のための会社は、会社のための人を集めた会社と比べ3~5倍の力を発揮することができるのです。これは私のこれまでのコンサルティング経験から明言できます。

和を以て貴しとなす

仲間との関係性を重視すると言うと、厳しさが足りない「なかよしクラブ」じゃないかという批判も耳にします。

私の言う望ましい関係性とは、お互いの仲がよいだけでは実現できません。

そもそもなかよしクラブを全否定することには疑問があります。

あるとき孔子は高弟に、礼を行うために大事なことは何かと尋ねました。

高弟はそのとき「礼をなすに和を以て貴しとなす」と答えます。

孔子の言う礼とは君子としての正しい行いのことで、国や社会の秩序や規律も礼です。つまり孔子は、国に正しい秩序や制度を築くために大事なことは何かと尋ねたわけですが、それに答えて高弟は「まず和が大事です」と言ったのです。

制度や仕組みが正しくても、それを正しく運用するためには国と国民の間に和があることが何よりも大事ということです。

なかよしクラブを否定することはともかく、人の和を軽視して会社がうまくいくはずはないということは憶えておいてほしいと思います。

CSの前にはESが必要

人のための会社がなぜ強いか。その理由は簡単です。

製造現場で製品をつくっている人、流通現場でお客さまに販売している人、サービスを担当している人、すべて働く人です。

人が嫌々働いていては、お客さまが満足するような製品は作れないでしょうし、嫌々働いている人から買いたいとは思いません。サービスも同様です。

人が気持ちよく働けないようなＥＳ（従業員満足）の低い会社では、ＣＳ（顧客満足）も低いのが当然。逆にＥＳの高い会社や職場は、自ずと業務の品質も上がり、お客さまへの応対、サービス品質も高くなります。つまり、会社をよくしようと思うなら、まず働く人にとって良い会社をつくることからはじめるべきなのです。

第3章

「社員が主役」は組織の発展持続に理想的な形

・
・

人を中心におくと、
いつのまにか突破口がひらけて、
踏み出す力が生まれるもんなんや
（松下幸之助）

1
社長が本気で期待すれば社員は必ず応えてくれる

運送業は、現在未曽有のドライバー不足といわれます。

そして今後も改善される見込みがありません。ＡＩの発達による自動運転の進展やドローンなど新しい物流手段の台頭により、一時的に解消される可能性はあるでしょうが、インターネットを介した通信販売の発達などにより、物流サービスの需要はますます拡大しており、人手不足による倒産のリスクさえはらんでいる業界の一つでもあります。

物流業界全体として、荷主や配達先に意識改革を求める必要があるのはもちろんですが、それら課題解決に向けた各社の意識改革も必要不可欠なプロセスだと思います。

ところが運送業界は、概してドライバーを含む社員に対し抱いている期待値が、低いように思えてなりません。ドライバーに意欲やスキルの向上を望んでも、無理とあきらめていると言ってもいいでしょう。

社長が社員をあきらめている。もし、そんな状況が業界に蔓延しているのであれば、運送業界の人手不足はいよいよ深刻にならざるを得ません。

一人当たり13万円しか稼いでいなかった経常利益が6倍に

私が組織改革を支援した会社には運送会社（西都運輸（仮））もあります。

そのうちの1社に、運送業、倉庫業、港湾物流、建設物流等、総合物流サービスを展開している会社がありました。中小企業とはいえ創業70年、創業者一族は地元の名士でもあり、社長はすでに三代目という、いわば地元の名門企業です。

私が組織改革に着手したときは年商約30億円、従業員300名、経常利益4000万円という規模でした。業績は安定していましたが、会社としてもう一皮むけるには、低収益体質を改め、組織に新しい活力が必要という社長の想いから組織改革にチャレンジすることになりました。

結果として、この会社の売上は2年で34億円、経常利益は2億5000万円に改善されます。多くの運送・倉庫業に見られるように、この会社も人という宝の山の上にいることに気づいていなかったのです。

ただ、この会社の社長には「社員を第一に大切にする」という確固たる理念がありました。それでもなお、人を生かしきれなかった理由は、事業部トップの強いライバル意識と組織の硬直性にありました。

事業部トップの意識改革と硬直化した組織の改革、これが改革を期待された私の使命です。

▩「これからどうする研修」で自発性を喚起

「創業100年に向け西都運輸（仮）グループは国際社会と地域の生活者に貢献する」をスローガンに改革はスタートしました。

運送、倉庫、港湾の3事業部門は、それぞれに事業部長がおり、部門ごとにマネジメントは割合しっかりしていたものの、相互の連携に大きく欠けるところがあります。

各事業部トップの間には強いライバル意識が存在し、同じグループでありながら

「あいつの仕事は受けない」という極端な感情的な対立さえあり、お互いに協力し合うこともありません。

ただ、そのような状況にならざるを得なかった理由もわかります。創業以来、長い歴史の中で、経営環境の変化に適応するために展開してきた多角化の一番の功労者は各事業部トップであり、その強いリーダーシップの力で各事業が立ち上がってきたからです。

そのマイナスの側面として、各事業の社員の中にはトップに依存する従順な受け身風土が形成され、部門間の溝も深くなってきた経緯があります。

その結果、今では港湾が繁忙を極めていても、ドライバーは自分の仕事が終わったら社内や事務所で空き時間を過ごしているばかり。あるいは港湾がヒマでも、倉庫のほうには人が足らずに大わらわということが頻発していました。

研修は例によって360度多面評価（176ページ）、エゴグラム（146ページ）等による自己分析・自己開示からはじまり、自分の生きざまと、実際に今、携わっている仕事について、内観を深めていきます。

「これから新しい西都運輸に脱皮するためにはどうするか？」と突き詰めた議論を展開していく中、ドライバーや倉庫、港湾の現場リーダーからは、「過酷な労働を強いられている港湾を支援しよう！」「倉庫の効率化や生産性に我々も貢献しよう！」と、自然とお互いの協力を拡大し、より密接な連携を構築しようという機運が表れます。

■「そんな仕事させたらドライバーは辞めますよ！」

彼らの意欲が相互の協力に向かっていくことは、ほぼ想定どおりです。**問題は、彼ら現場幹部の決意を会社として受け入れられるかどうかにありました。**

社長はもとよりＯＫです。しかし、お互いをライバル視し合っている各事業部トップに、組織的に部門間の協力体制をつくることを認めさせるのは至難の業。社長の鶴の一声だけでは事業部トップの頭の中までは変えられません。

私が試みに運送部門の事業副部長（ナンバー２）に、研修での現場幹部の決意を話すと、副部長は「ドライバーに運転以外のことをさせたら、全員辞めてしまいます。ほかの会社に行ってしまいます」と、私の提案に耳を貸そうとしませんでした。

こうなれば結果で示すしかありません。

私は、渋る各事業部トップや副部長を説得して、現場幹部たちの部署間の連携を推し進めていきます。「どうすれば部門を越えた連携を築き、相乗効果を生むことができるか」。その具体的な成果づくりに取り組むことになります。

いざ取り掛かってみると、ドライバーで他部署の仕事を手伝うことに不服を述べた人はひとりもいません。ドライバーだけでなく、倉庫や港湾の作業者にもお互いに協力し合うことをイヤがる様子は皆無でした。

運送部門の副部長は、意外な反応に困惑気味です。しかし、ドライバーの人たちが積極的に連携を取ろうとしている現実を直視するに従い、「自分が責任者として、これまでお互いに協力し合うことや、運転以外の付加価値を追求する、という試みをしたことがあるのか。ドライバーに負荷を掛けると辞めてしまう、と新たな取り組みを怖がっていたのではないか」と反省せざるを得なかった心の内を後々語っています。

ひとえに「ドライバーとはそういうもの」という悪しき偏見が、考え方を支配していたということです。それが業界の常識なのですから、ある意味では仕方がないと言えます。

この副部長にしても、けっしてドライバーを見下してそう言っていたのではありません。**ドライバーを過重労働から守ろうという責任感が、彼らの仕事を増やしたくないというブレーキをかけた**のです。

2 何があっても社員を守る。会社はその次！

物流業というのは、景気の影響を最も強く受ける業界のひとつです。

景気が悪くなると、真っ先に値下げを要求されるのが輸送費で、そのしわ寄せは現場のドライバーの賃金、あるいは労働時間、労働条件の悪化に繋がります。

運送部門の副部長が部門間の協力を渋ったのは、そうやってしわ寄せを食ってきた過去があるからで、その中で何とかドライバーを守ろうとしてきた副部長の経験が言わせた言葉なのでしょう。

しかし、**部門間の連携を高めた結果、会社の収益構造は劇的な改善を見せます**。

運転以外の仕事をすることに、ドライバーから不満が出ないばかりか、むしろ積極的に倉庫や港湾の仕事に取り組んでくれたことで、収益性が著しく高まりました。

組織改革に着手して3カ月も経つと、部門間連携の効果が表れはじめ、月次の経常利益はたちまち2倍、3倍と跳ね上がります。

これだけの成果を見せられると、さすがの事業部トップたちも連携の意義を認めざるを得ません。「もう一段強い会社へと脱皮する」という社長の意思と、現場の社員たちの自発的な改革への取り組みが、まだまだ下の者には任されない、とばかりに先頭で強いリーダーシップを張っていた事業部トップの心を動かすことに繋がり、各事業部が連携した新しい世代の経営ステージ「新生西都運輸グループ」へと会社を押し上げていったのです。

より高いステージを、次々に目指す

その後、この会社の部門間連携は進化し、ドライバーは港湾作業の大型クレーンのオペレーターもこなすようになります。大型クレーンには資格が必要ですが、それは取得すればよいだけのこと。さほど難しいことではありません。

港湾部門のほうでも、倉庫の繁忙期は支援に回りますし、その逆の支援も、もちろん恒常的に行われるようになりました。組織がひとつの命を持って、有機的に機能するようになったのです。

大きな成功を実現するためには、小さな成功を積み重ねることがセオリーですが、西都運輸グループでは、最初の取り組みが収益性の大幅改善という結果に直接結びついたことが幸運でした。

こうして多能化したドライバーに対しては、当然給与ベースを上げました。給与が上がっても、ドライバーの付加価値はそれ以上に上がっているのですから問題ありません。

現在、社長はドライバーの給与を業界ベスト5以内にすることを目指しています。

■我々は宝の山の上に立っている

改革から2年で売上は4億円増、経常利益は6倍になります。

構造的に経営の厳しい物流業界にあって、なぜこれだけの成果を上げることができたのか。

その答えは、「何があっても社員を守る。会社はその次でいい」と、第一に社員のことを考えようとする社長の信念にあるのではないでしょうか。

働き方改革の流れが、弱い立場である中小企業の経営を圧迫しつつあります。この会社も例外ではありません。そのしわ寄せにより、社員約50名の、西都運輸グループ会社の1社は、低収益に喘《あえ》いでいました。しかしこれが後々、毅然たる姿勢で、荷主を含めた抜本的な改革を断行していくことに繋がっていきます。契約解除も覚悟したといいます。50名の社員を守るための布石を二重三重に張り巡らしながらの交渉には、目を見張るものがありました。

このようにブレない決断を下す裏には、強い信念が宿っています。社員もそれを感じ取り、決断に寄り添ってきます。

社長の信念こそ最大の武器。

先に紹介した幾つかの事例や、この事例を通じて気づくのは、

「社長が社員を信じ、社員に期待をかけ、それを社員がわかる形で表明していけば、社員は全力で期待に応えようとする」ことです。

それをしないのは、あたかも宝の山の上に立って、自分は何も持っていないと嘆くようなものではないでしょうか。

3 あつれきを乗り越えて上司も部下も成長する

「社員が主役」と意識づけられたとしても、社員同士で意見の合わないこともあります。同じ会社にいる以上、会社の目指す理念や方向性、会社の求める価値観への理解が異なるということはないはずですが、同じ会社の社員でも考え方に違いはあるものです。個人の価値観や美意識には、お互い人格がある以上、何らかの違いがあります。

同僚であっても、上司と部下であっても、モノの見方、考え方が一致しないときに、そこを避けて通ることは、かえってお互いの信頼関係を損ないかねません。

お互いの意見をぶつけ合うことで化学反応を起こし、双方に新しい発見をもたらすこともあります。**社員一人ひとりが主役であるためには、意見をいつでも率直に、堂々と述べることができる組織風土であることが必要です。**

化学反応と言いましたがケミストリー（chemistry）は英語で相性という意味もあります。相性がよいとは、気が合う、ウマが合うことばかりではありません。化学反応を起こして新しい価値を生み出すことも、また相性の良い関係と言えるのではないでしょうか。職場に異見、異論、反論が飛び交うことは必ずしも困った事態ではありません。

「社員が主役の会社づくり」にとっては、何の議論もなく、上の言うことを何でも受け入れてしまうほうがむしろ問題です。

警戒すべきはこうした沈黙の組織風土であると思います。

異論を受け入れることで器が広がる

ただし、議論には作法があります。無条件に自己主張すればよいというものではありません。とことん自分の意見にこだわってしまえば、お互いの対立しか生みません。双方とも自分の価値観から一歩も動こうとしなければ、どこまで行っても対立しかなく平行線のまま交わらないことになります。

受け入れ難いことを受け入れることで、人の器は大きくなっていくものです。自分と異なる価値観を認めることは、議論に敗北したわけでもなければ、白旗を上げたわけでもありません。それもまたひとつの意見、ひとつの考え方と認めたということです。英語では〝Agree to disagree（不同意に同意する）〟といいます。あなたの意見は私と違う。だから、あなたが私の意見に同意しないことは認める。

つまり、自分とは異なる意見であっても、その意見を尊重したうえで、受け入れるということです。受け入れるということは、直ちに賛同するということではありません。しかし、異なる意見でも尊重することは大事なことです。お互いの違いを認め、尊重することで双方が歩み寄る動きに繋がります。

やってはいけないのは、頑なに拒否し続ける不寛容です。

■たてつく部下から仕事の哲学を得る

ある外資系の社長から聞いたお話を紹介しましょう。

社長は、同期で一番早く課長になりました。若い課長は、当然ながら仕事に燃えていました。ところが彼の下に、何かとたてつき、反論ばかりする部下がいたそうです。

その部下は、できないことはできない、できないことを無理してやるのは無意味、それより人生にはもっと大事なことがあるという考えでした。

新課長としては、仕事にチャレンジしない部下の姿勢が不満でよく議論になりました。しかし議論するうちに、人生には仕事以外に大事なことがあるという部下の意見をもっともだと思うようになったそうです。

一方で、仕事の中にも生きがいを覚える瞬間があることを部下に伝えたいと思いました。それは議論では伝わりません。新課長自身が、実際にチャレンジングな仕事に取り組んでみせ、その醍醐味を示してやらねばなりません。

また、**部下を感化するためには、人間的にも魅力的である必要があります**。仕事ができるだけでは、部下から共感を得ることは不可能だからです。

人間力を磨くために、積極的に人と仕事と本から学びました。

社長は当時を振り返って、「私の人生や仕事に対する哲学は、この何かと私にたてつく部下のおかげで得られた」と言いました。

人間関係のあつれきを乗り越えることで人は磨かれ、哲学を持ち、器を大きくすることができるというのが社長の持論です。

4 部下への最大の愛情は「関心」という形で表れる

そもそも部下に愛のないリーダーは、リーダー失格だと言わざるを得ません。

あるクライアント企業に実力、成績ともにまったく同じ2人の課長がいました。ある年、2人とも目標に未達でした。

社長は、私を同席させたうえで2人を呼びその理由を聞きました。ひとりの課長は部下の働きが悪かったからだと、目標未達を部下のせいにし、もうひとりの課長は、部下をかばい目標未達は自分の指導不足と詫びました。

その後、社長からさっきの課長のうちひとりを将来部長に昇格させたいが、どちらを昇格させるべきか相談されました。私は、責任逃れのために平気で部下を切るような上司は、上司の風上にも置けないと率直に申し上げました。

リーダーの部下に対する感情が顕著に表れる典型的な場面のひとつが、部下の失敗をとがめる時です。平たく言うと「叱る」時ということになりますが、叱るという行為の裏側には愛情がなくてはなりません。愛情なき叱りとは、怒っている、罵《ののし》っている、責めているにすぎません。

愛情をもって叱るとき、そこには期待があります。期待があるということは部下の存在を認め、以後も存在し成長してもらいたいという想いがあるわけです。期待があるから、尊重する気持ちも生まれます。

一方、「怒る」「罵る」というのは人格を否定することです。人格を否定するというのは、存在しなくてよい、消えてなくなれということになります。

■部下の心の叫びが聞こえていますか

しかし、「怒る」「罵る」はマイナスではあるものの部下の存在は認めています。無関心がないというのは、部下の存在すら認めていないことです。いてもいないように扱っているということに他なりません。

この心理は、先に述べた目標未達を部下のせいにしたリーダーの心理でもあります。いなくてもいいと思っているから、部下のことを平気で切り捨てられるのです。

「愛の反対語は憎しみではなく無関心である」（マザー・テレサ）

人間にとって最もつらいのは、誰からも関心を持たれない状態といわれます。みんなから無視されるくらいなら、まだ罵られたほうがましと思うのが人間です。

上司に関心を持たれていない、無視されている状態は部下にとって最もつらいことなのですから、このような職場が生き生きとするはずがありません。

ところが、このことに気づかない上司は多い。

上司の指示で行った仕事の結果について「何らフィードバックしない」「役に立ったのか、立たなかったのか、よかったのか悪かったのかさえコメントしない」無関心上司は、部下にとって最悪なのだということを忘れないでください。

挨拶さえきちんと返してくれないような上司に、よろこんでついて行く部下がいるはずがないのです。

上司が関心を示せば部下は元気になります。今もあなたの部下は「私に関心を向けてください！」と心の中で叫んでいるはずです。

5 ある社長の体験——「社員が主役の会社」は逆境に強い

社員が主役意識を持つ会社はピンチにも強いという事例があります。具体的な社名は出せませんが、実際に当事者の社長から聞いた話です。

ある大手メーカーの販社が経営不振となり、メーカーが出資という形で「輸血」をし、なんとか会社を支えました。

独立したオーナー経営だった販社は事実上のメーカー子会社となり、社長は引退を余儀なくされ、その後を息子が継ぎました。

実の息子とはいえ、それまで鉄鋼メーカーの経理部に勤めていたので新社長は販社の仕事はまったくわかりません。本来ならメーカーから社長、あるいはお目付け役の役員が送り込まれるのですが、メーカー側はそれをせず、息子に社長を任せ、それでも赤字が続くなら清算も考えていたようです。

新社長が就任したその日のうちに古参の主要な幹部が全員辞表を出してきました。会社を傾けた責任を感じて辞表を出したわけではなく、素人社長では会社が危ないと、同業他社へ逃げることを選んだのです。

新社長は就任したとたんに、頼りにすべきベテラン幹部社員を失い、会社は素人社長と一般社員だけになってしまいました。

■答えはすべて現場にある

ただでさえ赤字続きの会社なのに、会社の中枢である幹部にも辞められて途方にくれていた社長に、ある社員が意外なことを言いました。

「社長、大丈夫ですよ。会社は来月から黒字になります」

これまで赤字続きの会社がどうしていきなり黒字になるのか。幹部社員もいないのに。社員の言っていることがさっぱりわからない社長は、何か大口の取引でもあるのかと思い、確かめましたが、どの部署にもそういう話はまったくありません。

やっぱりだめだ。

もう会社はつぶれるとあきらめていたとき、先の黒字になると言った社員が来月の試算表を持ってきました。見るとやっぱり黒字です。新社長はつい最近まで鉄鋼メーカーで経理を担当していましたから、試算表に怪しいところのないことはよくわかります。

不思議でならない社長が社員に尋ねると、最も給料の高い先代社長が引退し、その次に給料の高かった幹部がこっそり辞めただけでも会社の負担は軽くなるというのです。

それだけでなく、これまで交際費等の経費を使っていたのもこの人たちだけですから、会社が黒字になるのは当然です、と社員は教えてくれました。

しかし、それでは経費は減っても会社の売上がなくなってしまうのではないかと新社長が尋ねると、社員はさらにこう言ったそうです。

「偉い人はお客さまのところには行っていません。偉い人が行っているのはゴルフ場ばかりです。

お客さまのところへ行っているのは一般社員だけです。だから偉い人がいなくなっても売上が落ちるはずがありません」

なぜ会社が赤字なのか、どうすれば黒字になるかは現場の社員がよく知っていたのです。

新社長は、会社に残ってくれた各部署の社員に積極的に話を聞いて回りました。

すると、これまで何を言っても聞く耳を持たなかった幹部に失望していた社員は、打って変わって現場の話に耳を傾ける新社長に好感を持ち、さまざまな情報を提供してくれました。

聞いてみると、長年会社の財務の足を引っ張っていた隠れ不良在庫の存在や、清算されずに残っていた先代社長や旧幹部たちの仮払金などが次から次へと出てきます。

新社長はメーカーと相談して不良資産を一気に処分しました。

「会社を動かしているのは自分たち」という自負

新社長は社員のおかげで会社が黒字になったことを喜び、うちの社員はすごい、うちの社員は偉いなあと思い、それを社内外に向かって表現するようになります。

私の知る限り、社員を心底ほめる経営者の会社で、赤字だった会社はありません。

新社長は経営に関しても、すべてというわけにはいかないもの、積極的に社員の意見を取り入れました。

元々、現場の社員たちには、本当は会社を動かしているのは自分たちという意識があったのですが、新社長の働きかけによって、次第にその意識が確信に変わりはじめました。**自分たちが会社を動かしていると実感できるようになると、所属部署の都合や利益のみを優先することがなくなり、全社的な視野で考えることが基本となります。**

またそのような考え方をするようになると、小さなミスには動揺しない自信が生まれます。

新社長は、ミスはすぐに知らせれば、それは次に繋がる「財産」になると積極的に報告することを奨励しました。24時間以内の報告は称賛され、ミスをとがめられることはありません。

ミスについての意識も変わり、ミスが見つかることをポジティブにとらえるようになったため、以前のようなミスを隠すための隠れ負債もなくなりました。

新社長の会社はこの後、安定的に黒字を出す会社に変わり、メーカーの系列販社の中で最大の黒字額を計上するようになります。

6 倒産の危機から超円高でも高収益の会社に変えた社員の力

長野県にある電子部品メーカーのK社は、地方都市にありながら技術力で世界に顧客を持つグローバル企業です。取引先は国内が半分、海外は半分、近年では海外の比重がますます高くなっていました。地元では一番の優良企業ですから、創業者である先代も後継者の二代目社長も地元の名士です。

この会社を1985年に円高が襲います。

プラザ合意後の急激な円高は、輸出が売上の半分を占めるK社にとって大打撃でした。当時は、売上が1割減れば利益はなくなると言われていた時代です。円高による為替差損で会社の収益は大幅な悪化を余儀なくされました。

賞与も満足に払えない。それどころか会社の存続も危うい状況でした。

地域に住む社員の家族からも社長への非難が飛んできます。四面楚歌の状況で、社長はイチかバチかの大勝負に出ました。大胆な生産革新と組織改革に踏み切ったのです。座して死を待つくらいならやるだけやってみようと、生産現場では徹底的にリードタイム（準備や段取りの時間）の短縮化に取り組み、とことんムダを排除しました。

人間以外のすべてのムダを減らす

すべてのムダを排除する。まず自動倉庫をやめました。在庫があるから倉庫がある、在庫自体が本来ないほうがよいのですから、自動倉庫はムダ以外の何物でもありません。自動倉庫をやめてみると、意外な発見がありました。在庫の置き場に困ると、驚くべき速さで仕掛品や原材料在庫が減っていったのです。実は、在庫があるから倉庫があるのではなく、倉庫があるから在庫が増えるということがわかったのです。

次にファクトリオートメーションをやめました。

ベルトコンベアや原材料の自動供給システムは、コストばかりかかる。現実には人が必要なだけ自分で取りに行ったほうが早いし効率もよいということがわかったからです。

Ｋ社の製品がそれほど重量物ではないこともあって、このふたつはすぐに実行できました。さらに工作機械の自前化にも着手しました。高い機械を購入するのではなく、自分たちの手で現在の機械をカスタマイズし、最も使い勝手のよいように作り直したのです。さすがにできることは限られましたが、一定の成果を上げました。

こうして徹底的にムダを排除した結果、会社は円高のダメージから回復していきます。すべてのムダを除く、ただし人間以外。これがムダを排除するときの基本姿勢です。**人は、会社の持つ経営資源のうちで何がムダかを見分けられる唯一の存在です**。人もまた経営資源のひとつですが、ムダから価値を生むことのできる唯一の経営資源と言えます。ムダをとるとは人を生かすことに他なりません。

自分の頭で考える

こうした現場の革新を進めるためには、そこにいる人の心を革新しなければなりません。生産現場のリーダーたちは、いわば倉庫の自動化、生産現場の自動化に力を尽くしてきた人でもあります。自分たちが進めてきた設備を反故《ほご》にされて面白いはずがありません。

現場のリーダーたちの不満を抑え、改革を進めるには現場の協力が不可欠です。社長は経営状況を明らかにし、今、生産システムを改めないと会社は存続さえ危うい、だから、今、抜本的な改革が必要であることを全員に説明しました。

生産現場で働くパートの社員も含め、みんなが自分の頭で考え、よいと思うことがあったら積極的に、自由に提案してくれるよう頼みます。そして、可能な限り提案を採用し形にするようにしました。

K社の生産現場には地元の家庭で使われている物であふれています。日用品を応用して補助的設備をつくり、それが十分機能しているのです。自分の頭で考えたことが現場で採用されるということは、社員にとって小さな成功体験となります。そうして現場のことは現場の社員が、みんなで考えるという風土ができてきました。

一度弾みがつくと、あとは勝手に回りはじめるものです。後年、1990年代の半ばには、日本国内が超円高の衝撃を受けましたが、K社は為替差損ではビクともしませんでした。急激な円高に耐えられるだけの生産体制を、社員が主役で作り上げていたのです。

7 リーダーが変わるときは組織が変わるチャンス

「ゆく河の流れは絶えずして、しかも元の水にあらず」(鴨長明『方丈記』)

会社はゴーイングコンサーンな存在ですから、人から人へバトンタッチしながら続いていきます。流れる河の姿は一見同じでも、そこに流れる水はかつての水ではないというのは、会社という組織にも当てはまります。

同じ会社でも、長い年月が経てばそこに働く人が変わるのはもちろんのこと、経営者も変わります。代がわりは、いかなる組織にもあることです。

トップが交代するタイミングというのは、組織を変革するチャンスでもあります。

今は不名誉な話題の中心になっていますが、日産がカルロス・ゴーンをトップに迎えたのは組織変革を狙ってのことでした。大塚家具の父から娘への社長交代も、広い意味では組織変革を狙ったものといえるでしょう。

トップ交代の理由は、先代の逝去や高齢によるものであることが多く、組織変革を狙って行われることは日本では珍しいことです。

しかし、交代理由が何であれ、新しいリーダーが誕生したときは、組織を変革するまたとないチャンスです。

ところが、新しくトップになったリーダーは組織変革どころではなく、むしろどうやって社員の心をつかみ求心力を発揮するかに意識が向かいがちです。

企業を飛躍させるのは後継者の力

近年では孫正義氏、稲盛和夫氏、昔の経営者では松下幸之助氏、本田宗一郎氏、井深大氏など、錚々《そうそう》たる経営者は創業者ばかりです。

二代目、三代目の後継者は、先代の威光が強ければ常に比較して見られますし、先代の経営に問題があれば、その息子（娘）として、やはり色眼鏡で見られがちです。

後継者は親族であろうと、なかろうと、常にどれほどのものか、その力量を試されるかの如く、常に冷ややかな目線にさらされる宿命を持っています。

日本には「売り家と唐様で書く三代目」という後継経営者を揶揄《やゆ》する川柳があるくらいですから、新たにトップとなった後継者としては組織変革の前に信頼を手に入れるほうに力が入るのは無理もありません。

しかし実際は、会社が大きく発展するのは創業者の時代よりも、むしろ後継者の時代のほうに多いものです。

ユニクロの柳井正社長は父の会社を継いだ二代目ですし、星野リゾートの星野佳路社長も家業の旅館の四代目、世界を見てもコカ・コーラが世界的な企業になったのは、二代目ロバート・ウッドラフの手腕によるところが大きい。

徳川300年の幕藩体制を築いたのも、家康ではなく三代家光の時代です。実は後継者の力はなかなか侮れません。

■心を開けば必ず社員は助けてくれる

このあとに紹介する事例にあるとおり、新しくトップに就任した後継者がさまざまな葛藤を経て、社員の心をつかみ、組織変革を果たしていくことは十分可能です。

そこでまず必要になってくることは、自分の心を解放し、後継者と社員の双方がありのままの自分を語り、双方で受け入れ合うこと。心を軽くしておかないと、社員は重くて新社長を担げません。


私が所属する新経営サービスでも、経営者・後継経営者を対象に、自社の経営改革を支援する「経営者大学」を開催しています。毎月一回、15名のメンバーが京都に集い、自社の問題点を徹底的に洗い出し、課題を整理し、各社それぞれの持つ独自性をフルに発揮した経営を実現させるために、抜本的な手を打つ経営講座です。実践的な内容を通じて、自社を一年で改革していくのが狙いです。１９８７年の開講以来32年間で１１５０名を超える経営者・後継経営者・経営幹部が卒業され、全国各地でそれぞれの使命に裏打ちされた経営を実践されています。

ただ、受講前は、先代の呪縛、経営者としての迷いや不安に苛まれ、すがる思いで参加される方が大半です。

それらの講座を通じて見えてくる新社長・後継経営者が陥りがちな殻が3つあります。「ファザコン型」。よくも悪くも先代の傘が大きすぎて、そこから抜け出せないタイプ。「対立（確執）型」。先代のやり方を否定することからはじめたがるタイプ。「後継者自覚欠乏症型」。心ここにあらず型ともいえます。身体を張って会社を背負う覚悟が十分にできていないタイプ。

大概、この3つのタイプに集約されます。これらは後継社長だけに限らず、支店長や部門長、あるいは課長、班長でも、規模の大小はあれ、およそリーダーと名のつく人には概ねあてはまるはずです。

まずはこの殻から抜け出ることが第一です。

「ファザコン型」の傾向は、偉大な創業者や先代（父）に対して萎縮し、創業者や先代の長所しか見られずに、自信喪失の悪循環に陥りがちになります。創業者の大きな傘から抜け出せない葛藤が続きます。

一方、「対立（確執）型」の傾向は、逆に創業者（父）の短所や欠点ばかりが目につき、素直に接することができず反発するパターンです。自分の経営方針を正当化し、雅量《がりょう》の狭い経営に終始しがちになります。

ファザコン型と対立型のどちらにしても、先代のやり方をことごとく踏襲したり、逆にことごとく反発するのもやめて、肩の力を抜きこだわりを捨てて仕事に向き合ってみるように心がけてください。

「後継者自覚欠乏症型」の傾向は、自分の夢と会社の継承が一致していないために、どうしても継ぐ覚悟が弱くなりがちです。また、いずれ社長になるものだと決めつけ、己を磨かない後継者もいます。

これらは、もうすでに船は港を出てしまっていることを認識し、覚悟を決め、徹底的に経営を学ぶしかありません。

ただ、過剰な心配はいりません。トップ（リーダー）であるあなたが心を開けば、社員も心を開き、必ずあなたの力になってくれます。

自分自身が陥っている心理状態からまず脱皮することが大切です。あとは、徹底して経営を学び、突き詰めた自分自身の使命や理念に裏打ちされた経営を実践するのみです。

■「なぜ、自分がこんな仕事を」と思っていた二代目社長

東海地区にある浜松プレス（仮称）。社員50名ほどのプレス加工業の二代目社長の話です。

父親である創業社長が自身の高齢化を理由に、総合商社で活躍していた若い息子を会社に呼び戻しました。息子は数年現場を経験した後、二代目社長に就任します。

いつか会社を継ぐことになるというのは、わかっていたことですから、社長になることに違和感はありません。

しかし、数年前までエリート商社マンとして、高級スーツに身を包み、世界の主要都市でビジネスをしていた二代目としては、埃と油に汚れた狭い工場に立つと、なぜこんな仕事をしなくてはいけないのかとこれまでとのギャップに苦しみます。

二代目社長は、自分の手でプレス加工から事業を拡大し、多角化することを考えます。しかし、新しい社長の考えに賛同する人はだれもいません。今は会長となった父からはとくに強硬な反対に遭いました。

そこで二代目社長は事態の打開を図ろうと、私を招いて組織の活力を上げるための研修を開いたのです。

職業に貴賤の区別なし

研修には社長もオブザーバーで参加しました。

幹部社員たちの自己分析や自己開示、それに次いで彼らの人生と仕事を深掘りしていくプロセスを見ているうちに、社長の耳にだれが言ったのか、「職業に貴賤の区別なし」という言葉が聞こえてきました。

このとき二代目社長は、激しいショックを受けたそうです。

自分はいまだにエリート商社マンのままであって、**自分の会社の社員の働く姿を見てどこか見下していたのではないか**。なぜ自分がこんな仕事をやらなくてはならないのか。職業に、価値が高い貴い、劣る卑しい、そんな区別をしている自分がいる。自分ひとりが別世界の人としてここにいる。

深い気づきや決意を持たれた社長は翌日、その心中を私に話してくださいました。

さらに数日後、同じような体格であった私の自宅に届いたのは高級スーツの数々。「もうこんなスーツを着ることもない、これからは作業着で社員と一緒に現場で油まみれになる！」決意の証です。また、「自分が気づいたように、そんな悩める後継者を今後も支援し続けてほしい」――そのスーツにはそんな意味も込められていたのでしょう。

10年以上経ちましたが、そのとき送ってくださったスーツは今も大切にしています。

■最も手ごわい社員が最大の味方に

私は、2回目の幹部研修のときに社長の、この話をしました。

「社長はこう思ったんやて。それでスーツをすべて処分しはった」

話を聞いた幹部社員たちも、これまで認めようとしなかった二代目社長の並々ならぬ決意を感じたようです。

「**そんならわしらで二代目社長を盛り立てようや**」という声が上がりました。

社長が自己開示して、社員と一緒に現場に立ち、新しい会社をつくろうと決心したのだから、自分たちも社長の覚悟を認め、決意に応えて一緒にやろう。

幹部社員の協力が得られたことで、新社長の多角化路線は本格的にはじまりました。目指すは加工する素材の種類を広げることです。鉄だけでなく、他の金属や炭素繊維などの加工には、さまざまなプレス技術の開発が必要です。この技術開発に積極的に取り組んだのは、最もうるさ型の古参幹部でした。古参幹部は、その後、新社長の心強いブレーンとして中枢で活躍することになります。

古参の幹部まで賛同するに至ったため、会長も新社長の多角化を認めざるを得ないこととなり、大きく経営の舵を切るキッカケになりました。

退路を断つ

求心力とは、引き込む力のことですが、新社長は自ら社員に向かって飛び込んでいくことで、社員を引き込みました。

外からやってきて社長となった後継者は、この二代目社長のように、ときに現場と一線を画してしまいがちです。引かなくてよい線を引いて、現場と自分を分けるのです。

しかし、今、自分がいることのできる場所は、どこでもない、ここしかありません。

退路を断って、胸襟を開き社員と正面から向き合い、正直に率直に話し合い、お互い共感できるまで双方の一致点を探ることは、後継経営者にとって避けて通ることのできない道です。

あなたが今いる場所は、間違いなく社員にとってもかけがえのない場所です。

お互いに共感できることは必ずあります。退路を断ち、今の場所で誠実に向き合う、そんな生き方が問われているのかもしれません。

8 組織改革が必要なときに共通する初期症状

「会社は生き物」といわれます。生き物である会社は自分の体が不健康で、正常な状態ではないというときには信号を発信します。何らかの理由によって組織が老朽化、あるいは機能不全に陥ったときには、会社はいくつかの症状を示してその危険を知らせます。これまで診断してきた経験から、症状の原因は大きく次の3つが考えられます。

組織改革の必要な初期症状①
トップのリーダーシップに問題があるケース

リーダーシップに問題があるケースでは、症状は社員に表れます。

社員がトップを信頼してついてこない。

社長自身にリーダーとして不安がある。その結果、組織の不活性化、業績の不振や低迷が長引きます。業績不振は、赤字ではないものの以前に比べると勢いが落ちているという状態です。話題になった吉本興業の例もこの部類に入るのでしょう。

こうした症状が出る背景のひとつには世代交代の問題があります。

後継者が十分に社員の心をつかんでいない、あるいは社員も新しい経営者のことを信頼できていないため、組織に浮き足立ったところが見られるのです。後継新社長も社員も、お互いに疑心暗鬼という状態でしょうか。

先の二代目社長の事例で述べたように後継者と社員が協力して、新しい組織づくりに取り組んだケースが、その組織の葛藤をリアルに物語っています。

もうひとつはワンマン社長がよく陥るパターンです。

ワンマン経営の弊害の一つが社員の自立心のなさです。先の運送業の事例で述べた、多角化戦略で各事業を持ち前のリーダーシップで立ち上げてきた事業部トップの運営の在り方はまさにこれにあたります。トップに依存し、自分たち自身で問題解決していく思考を失い、従順な作業者へと化していくパターンです。トップの発想レベルがその組織の限界を既定します。

また、長年強いトップダウンで運営してきた社長のリーダーシップに翳りが生じてきたときも顕著に表れます。社長の迷いそのものが社員や組織の不安となって表れ、戦略の方向性についても、組織運営の在り方についても、迷走がはじまるのです。

組織改革の必要な初期症状②

組織の風土や文化に問題があるケース

次に、組織の風土や文化に問題があるときに表れる症状について述べます。

このケースでは、症状がもっぱら現場に表れるのが特徴です。

現場にあきらめムードが漂って空気が沈滞している。**旧態依然でチャレンジする意欲が低い。業績は、黒字ではあっても低空飛行、小さな幅で赤字と黒字を行ったり来たりという状況です。**

低迷していても決定的な危機に至っていない分、改革が進まないやっかいなケースでもあります。

こうした組織の風土や文化の背景には、業種業態によるもの、会社の歴史によるものがあります。

業種業態によるものとは、たとえばかつて3K（危険、汚い、きつい）といわれたような職場に長年根付く風土や風習が挙げられます。

しかし、こうした職場でも社員を主役にした改革で成功したTESSEIのような事例もあります。JR東日本が運行する新幹線の清掃業務を担う会社です。多くの海外メディアで「新幹線劇場」「（清掃の）奇跡の7分間」と評され、日本のおもてなし文化の象徴にもなっている「組織改革の手本」とも言うべき会社です。

入社したときにはあきらめムードで、親戚にも仕事先を教えなかった人が、自分自身をも改革し、誇りを持って新幹線の車両清掃に取り組んでいます。

会社の歴史によるものとは、有名なところでは稲森和夫さんが立て直した日本航空でしょうか。

創設以来のフラッグシップ（国を代表する航空会社）ですから、こちらは誇りの塊です。しかし、誇りは日本航空という社名に対するもので、肝心の仕事に対する誇りを取り戻すことは稲盛さんの行った改革以前にはできませんでした。

航空業界のことはまったくの素人であり、最初は固辞していたといいます。実際、多くの人から「あんな巨大な組織の立て直しは絶対に無理だ」「晩節を汚すことになる」と言われていました。その大役を引き受け、見事2年8カ月で再上場させるという快挙を成し遂げます。

「再建の主役は社員である」という信念から、東大をはじめ優秀な一流大学を出た幹部10名くらいで構成され経営方針のすべてを握っていた企画部を廃止し、組織の一人ひとりに当事者意識と仕事への誇りを植えつけていったといいます。

組織改革の必要な初期症状③

組織の機能に問題があるケース

組織の機能に問題があるときに出る症状は、セクショナリズムと不協和音です。チャンスを失っても気にしない組織と化していく症状です。

部門間連携によって大きな成果をもたらした、先の運送会社の例もこの分類に入ります。

「自分だけ、自分のセクションだけOKならそれでよい」という考え方に支配された組織では、チームワークとコミュニケーションがおろそかになります。

業績はそこそこ上がっているので、社員に危機感はありません。

このケースでは製造業の場合、販売現場にある顧客のニーズ、ウオンツが製造現場に伝わりませんし、製造現場の技術革新も販売現場に伝わりません。したがって、顧客から決定的な情報を得ても製造現場が新たに動くことはなく、製造現場が決定的な技術を開発しても、それが新鮮な情報として顧客の元に届くことはありません。

せっかくのチャンスをみすみす埋もれさせることになります。

問題は単に埋もれさせることだけではなく、だれもチャンスのあったことを知らないまま、何事もなく過ごしてしまうことです。これでは会社は倒産こそしないものの、将来に大きく発展することは期待できません。

皆さんの会社でこうした3つの症状がひとつでも見つかれば、組織は黄信号であると思ってください。

第4章

社員に責任感と使命感のある「主役意識」を持たせる

コミットメントとは
身体と心と人生を賭けて取り組むこと
気持ちがこもっていなければ
単なるエントリーに過ぎない

1 「自分たちでこの島を守る」使命感が社員個々の内発の原動力に

伊豆半島の先に浮かぶ小さな島。

この島に、自然との共生をテーマに、子供たちが自由に遊び、自然の中で自然から学ぶことを目的とした施設があります。元は小さなテーマパークでしたが、今は宿泊設備のあるホテルを併設。他にもさまざまなイベントが行われ、今では全国から見学者が訪れています。

私がこの島のホテルの社員研修に招聘されたのは、そこで人事を担当している方が、かつて私のキャリア研修を受けていたというご縁からでした。

ホテルの経営は、この島にキャンプ場をつくった創業者のアメニティ企業が行っており、社長はこの本社から2年ごとに送り込まれてきます。定期的にトップが変わることで起きる弊害の最たるものといえば前任者の否定です。新任者は必ず自分のカラーを出したがり、そのため前任者とは異なる方針を出します。

一方、支配人以下、ホテル従業員は日本の各地からやってきて、この島に住んでいる人々。2年ごとにころころと方針ややり方が変わることには、いささかうんざりしていました。

実は、私が研修に訪れたその日に、支配人がクビになるという椿事《ちんじ》も出来《しゅったい》し、組織にはただならぬ疲弊感が漂っている状態でした。

■「どう生きるのか」を徹底的に深め、出た結果

人は、人のために貢献することを生きがいにできる動物といえます。私は、人間が持っている、この美点を島のホテルの社員を見て再確認しました。

ホテルの社員は150名、島での生活は他の島民と同じで、買い物は2週間に1回、片道1時間かけてフェリーに乗って出かけます。

ホテルで働くということは、島に住んで島の人々と共に生きていくことです。

例の組織改革研修（27ページ）を通じ「どう生きるか」を深掘りしていくと、やがて島の生活、島で共に暮らす人々、そして島の自然に行き着きます。

本社の人事異動で2年ごとに社長が変わり、常に方向転換を迫られる中、社員たちは「自分たちにとって、方向転換よりも大切なものは何か？」と問いかけました。そこで行き着いた答えが、島を自分たちで守り貫くこと。

そのときに支配人以下、幹部の中で出したビジョン（決意表明）が「どんな環境になろうと揺るぎない我々でいよう」です。

議論は深夜に及び、まさに血判状に署名するかの如く全員でその決意が固まったときには、深夜零時をすこし回っていました。

本社から来る社長にしてみれば、自分の方針が最優先だろうと心外に感じるかもしれません。しかし、**それ以上に揺るぎないものが「島を守る」という決意だったのです**。

それは、この島を気に入り、ここに子供たちの施設をつくった創業者の理念に通じるもの。創業者の理念を具現化した社員の決意を否定することはできません。

では、なぜそれがだれ言うことなく一致したのか。

不思議な気がするかもしれませんが、現地に行って、島とそこでの暮らしを見てきた私からすれば、それは当然のことと思えます。

島の自然を満喫し、自然との共生を体験するには、島の自然を守り、島の暮らしを守ることが必要条件となります。

もし人事異動でやってきた社長にそれがわからないのであれば、身体は島にいても、心では2年経ったら本社に帰るということだけを考えているからです。

創業一族である本社二代目社長も認めた「島との共存」

現在ホテル事業は、大きな黒字を計上しているわけではありませんが、本社の事業の象徴的な存在になっています。その理由は、ホテルに働く人々が島と共存し、島を守ることを最優先しているからに他なりません。

社員の内発には、それだけの力があります。

お客さまはホテルのお客さまであるばかりでなく、島民のお客さまでもあり、島のお客さまでもある。島全体で迎えてくれるのですから、お客さまにとってはこれ以上ない「おもてなし」です。ホテルが中心になって行うイベントにも、島全体が協力してくれます。

島とホテル、この共存と協力関係に、島を訪れた本社の二代目社長が感動し、創業者の理念を具現化してくれたホテルのメンバーに感謝の言葉を贈りました。


島はわが社のシンボル。

この島にこそ宝がある。

島の人たちに夢を。

夢のある幸せなコミュニティーづくり。

その拠点でもある、ホテルへの期待。

■今日も島を軽トラが走っていく

本社の二代目社長が島を訪れ、ホテルの取り組みを高く評価したことは大きな効果を生みました。

2年で交替するキャリア組の社長ではなく、創業一族である本社の社長から感謝されたことで、現地のスタッフたちは自分たちの行動に自信と誇りを取り戻すようになり、新しいことにチャレンジする勇気が生まれたのです。

島全体で取り組むアートイベントは、今や全国の注目を集めるまでになりました。

研修では、ときおり研修生から「先生、1時間ほど抜けていいですか」と手が上がることがあります。その理由は、島民の家のスズメバチの巣の駆除であったり、老人の家の手伝いであったり、森林作業のチェックであったりといろいろです。

本来の業務で抜けるという申し出はありません。

私はもちろん「ああ、いいよ」と答えます。しばらくするとホテルの窓から軽トラが走っていく光景が見える。

これがこの島の研修風景です。

この事例に見られるように、一人ひとりが主役意識を発揮し身体と心と人生を賭けて取り組む企業改革は、想像以上の成果をもたらします。

そのために不可欠なことは、「人」への強い関心と深い洞察。

人の本質に迫る効果的なツールとして、次項より「エゴグラム」を解説していきます。

2 良い働きかけをするために
エゴグラムを知っておく

エゴグラムとは、アメリカの精神科医エリック・バーンが提唱した「交流分析」における性格診断法です。

交流分析（Transactional Analysis＝略称ＴＡ）とは、人と人との交流、すなわちコミュニケーションのとり方を研究したもので、アイムＯＫ、ユーアＯＫ、つまりお互いにＯＫという良好な状態をつくることを目的としています。

エゴグラムはそのためのツールのひとつです。そこでは人の性格をＦＰ（父性的な規律重視の性格）、ＭＰ（母性的な養育重視の性格）、Ａ（大人の判断を重視する理性的な性格）、ＦＣ（自由奔放な性格）、ＡＣ（従順的な性格）の５つの要素に分類します。このエゴグラムの傾向によって、人の行動傾向も決まってくるというのが、交流分析の考え方です。

規律を重視するFPの性格の強い人が上司になると、ともすると専制的な管理に向かいがちです。世話焼き型のMPの強い人が上司だと、部下の意見を聞き、コミュニケーションを重視したマネジメントスタイルをとりますが、部下の過ちを叱れない甘い上司になる可能性もあります。

一般的にFPの強いリーダーはMPを意識し、積極的に部下の話に耳を傾けることを意識したほうがよいですし、MPの強いリーダーは意識して信賞必罰、なかんずく必罰を実行するよう意識することが大切です。

状況に応じて最適の意識に働きかける

エゴグラムの5つの性格は、人によってそれぞれ強弱はあるものの、すべての人に備わった潜在意識です。**相手のエゴグラムの傾向を理解することで、相手にとって受け入れやすい働きかけ方をとることも可能です。**

FPの強い人に対して、人格を無視するような高圧的な姿勢で行動改善を求めれば、相手は感情的に拒絶してしまいコミュニケーションが取れません。

何らかの改善を求めるなら、当然のことながらまず相手の人格を十分に尊重し、相手の潜在意識にあるA（アダルト＝理性的判断）に対して働きかけるコミュニケーションを取ることが効果的となります。具体的に言えば「あなたのやり方は古い。私の言うとおりにやり方を変えなさい」では、FPの強い人には逆効果となりかねません。

しかし、みんながみんな冷静なA（理性的判断）で話をしているうちは、腹を割った本音の部分が表に出てこないままとなり、本心からの意識改革ができません。

相手のエゴグラムの傾向を理解することで、受け入れやすい働きかけ方をとる。これもエゴグラムの活用法です。

「人を見て法を説け」と言いますが、他者に対して働きかけるときに相手のエゴグラムの傾向をつかんでおくのと、おかないのとでは大きな違いがあります。

自分の性格の傾向を認識し、相手の傾向もつかんでおけば、コミュニケーションが円滑になるだけではなく、より深い相互理解も可能です。

いわゆるボタンのかけ違いを防ぐためにも、エゴグラムの基礎知識を持っておくことは必要であると思います。ここからは、組織改革を実行するためのエゴグラムの使い方について、詳しく述べていきましょう。

エゴグラムタイプ別の特性を理解しておく

FP(父性)の高い人	理念や使命に目覚める。事業としてのビジョンや信念を持ち、それを土台とした事業・部門計画立案や牽引的リーダーシップを発揮する
MP(母性)の高い人	顧客や地域、従業員の生活、家族の幸せ…など、役立ちの目的や意義を持つ。それを土台とした事業／部門運営と養育的リーダーシップを発揮する
A(理性)の高い人	市場分析や事業活動分析を徹底的に行い、データ的・客観的に捉える。それを土台に、目標ー戦略ー戦術設定と合理判断的リーダーシップを発揮する
FC(無邪気)の高い人	市場に触れ、顧客や市場が喜ばれるアイデアを徹底的に出す。そして行動力・実行力に裏打ちされる率先垂範的リーダーシップを発揮する
AC(従順)の高い人	成功事例を学び模倣する。経験／蓄積されているノウハウを裏付けに、チャレンジングな目標設定と具現化に向けた詳細なスケジュール化を行う。支援的／協調的リーダーシップを発揮する

解説

それぞれのタイプに応じて、個性を最大限活かすリーダーシップの方向性を押さえておこう

3 自画像の確認ツールとしてのエゴグラムの活用法

「自己分析」「自己評価」というのは意外に難しい作業です。

自分のことは自分が一番知っている。それはそのとおりですが、一方で人は自分のことは3割増しで評価し、他人のことは3割引きで評価する傾向にあります。

3割は正確な数字ではありませんが、人は自分のことはひいき目に、他人ことは厳しく評価しがちであることは概ね間違いありません。人が自分を他人と比較せず、客観的で公平に分析し、評価することは至難の業です。

しかし、正しい自画像を描くことなくしては、周囲との関係性を正しく築くこともできません。**自分をわからない人に、他人を理解することはできないからです。**

そこで360度多面評価（176ページ）とともに、正しい自画像を描く手掛かりになる

エゴグラム自己診断チェックリスト（質問票）

「はい」…2　「いいえ」…0　「どちらともいえない」…1（※白抜き部分に記入）

		FP	MP	A	FC	AC
1	責任感を強く人に要求しますか					
2	会話で感情的になることは少ないですか					
3	他人の顔色や、言うことが気にかかりますか					
4	義理と人情を重視しますか					
5	怒りっぽいほうですか					
6	人の言葉をさえぎって、自分の考えを述べることがありますか					
7	自分の感情を抑えてしまうほうですか					
8	欲しいものは手にいれないと気がすまないほうですか					
9	相手の話に耳を傾け、共感するほうですか					
10	先（将来）のことを冷静に予測して行動しますか					
11	娯楽、食べ物など満足するまで求めますか					
12	融通がきくほうですか					
13	待ち合わせ時間を厳守しますか					
14	現在「自分らしい自分」「本当の自分」から離れているように思えますか					
15	情緒的というよりむしろ理論的なほうですか					
16	「‥‥すべきである」「‥‥ねばならない」という言い方をよくしますか					
17	自分の考えをとおすより妥協することが多いですか					
18	直感で判断するほうですか					
19	他人に対して思いやりの気持ちが強いほうですか					
20	他人の意見は、賛否両論を聞き、参考にしますか					
21	小さな不正でも、うやむやにしないほうですか					
22	理想をもってその実現に努力しますか					
23	物事を分析的によく考えてから決めますか					
24	自分をわがままだと思いますか					
25	社会奉仕的な仕事に参加することが好きですか					
26	思っていることを口に出せない性質ですか					
27	能率的にテキパキと仕事を片づけていくほうですか					
28	遠慮がちで消極的なほうですか					
29	物事の決断を苦労せずに、すばやくできますか					
30	興にのると度をこし、はめをはずしてしまいますか					
31	料理、洗濯、掃除などが好きなほうですか					
32	言いたいことを遠慮なく言ってしまうほうですか					
33	子供や部下をきびしく教育しますか					
34	他人から頼まれたらイヤとは言えないほうですか					
35	他人の期待に沿うよう過剰な努力をしますか					
36	他人をきびしく批判するほうですか					
37	何事も事実に基づいて判断しますか					
38	子供や他人の世話をするのが好きですか					
39	劣等感が強いほうですか					
40	社会の規則、倫理、道徳などを重視しますか					
41	自分の損得を考えて行動するほうですか					
42	“わぁ”“すごい”“へぇー”など感嘆詞をよく使いますか					
43	相手の長所によく気がつくほうですか					
44	涙もろいほうですか					
45	つらい時には、我慢してしまうほうですか					
46	子供や部下の失敗に寛大ですか					
47	身体の調子の悪いときは、自重して無理を避けますか					
48	人から気に入られたいと思いますか					
49	権利を主張する前に義務を果たしますか					
50	好奇心が強いほうですか					
	合　計（縦 計）					

ツールのひとつがエゴグラムと言えます。エゴグラムは質問票（前ページ参照）に答えてもらうことで、自分の性格の傾向が表れるというものです。

■点数の高さより全体のバランスに注目

質問票の答えはイエスが2点、ノーは0点、どちらとも言えないが1点です。

質問項目に対する答えを縦に合計するとＦＰ（父性的傾向）、ＭＰ（母性的傾向）、Ａ（理性的傾向）、ＦＣ（自由奔放的傾向）、ＡＣ（従順的傾向）の点数が出ます。

いずれの点数も高いという人もいますが、問題は点数ではありません。注目すべきは全体の傾向です。ＦＣの高い人は概ねＡＣが低めに出ます。逆にＡＣの高い人はＦＣが低めです。

ＡＣが高くてＦＣの低い人は、自分の中に不平不満を抑え込むタイプが多いですので、ときどき前触れなく爆発することがあります。だいたいこのタイプは、普段は大人しくて親切な人ですから、突然の爆発に周囲は驚きどうしたことかと慌ててしまいがちです。

各要素の「高い」人へのアドバイスを覚えておく

タイプ	FP（父性）	MP（母性）	A（理性）	FC（無邪気）	AC（従順）
プラス面	正義感、責任感が強い。理想を追求する。良心に従う。努力家。	共感的。同情的。愛情。世話好き。かばう。ボランティア精神が豊か。	冷静に物事を判断。鋭い判断力。分析的。合理的、効率的。	好奇心が強い。本能的。行動的。自由な表現。周囲を楽しませる。	周囲の意見を聴く。協調的で素直。
マイナス面	モラルに厳しい。不完全を許せない。相違意見は批判的。懲罰的、排他的。	過保護、過干渉。甘やかし。心配性。	打算的。計算的。白黒はっきり。冷たい印象。	にぎやか過ぎる。自分の感情を最優先。	受動的。常に遠慮がち。順応的、依存的。
アドバイス	完全主義傾向があるので、葛藤や衝動が起こりやすい。時には、こだわりをすて、気分転換を!	自分と相手の関係をできるだけ客観的に考え、おせっかいや過干渉にならないように!	論理的であり、官僚主義的になるため、相手への感情を察することも考慮し、人間関係の構築を!	常に、元気さをもっていれば、OK。落ち込むと、感情的になりやすい傾向があるので、気分を一定に!	周りの人に意見を求めすぎず、自分で考え、決断して行動すること!

解説

各要素の長所や短所は表裏一体です。プラスに発揮できているか確認しよう

■数値が低い場合の傾向も押さえておく

エゴグラムは数値が低いからといって、それが直ちにマイナスとはなりません。前ページの図表で見たように、数値が高くてもかえってマイナスに働く場合もあります。まさに過ぎたるは及ばざるが如しなのです。

次ページの図表にあるようにＦＰの低い人は規律に弱い傾向があるものの、それが物事にこだわらない、融通無碍で懐の深い人という印象をもたらすこともあります。ＭＰの低い人は人に対する関心や愛情に乏しい恐れもありますが、そのため仕事を任された部下は余計な干渉を受けず、目いっぱい任されるのでやりがいを持って自由に取り組むことができます。ビジネスパーソンでＡ（理性的傾向）が著しく低い人というのはめったにいませんが、思わぬブレークスルーを見いだすのもこういうタイプです。「あまり深刻に考えずにとりあえずやってみよう」と行動を起こすことが良い効果をもたらすのであればあれこれ悩んで結局的になにもしないより、良い結果になると言えるでしょう。

各要素の「低い」人へのアドバイスを覚えておく

タイプ	FP （父性）	MP （母性）	A （理性）	FC （無邪気）	AC （従順）
プラス面	平和主義。争いを避ける。 融通性があり。 のんびり。	さっぱりしている。 放任主義傾向。	直感で考える。 物事を複雑に考えない。	おとなしい。 素直ないい子。 慎重な対応。	自分を出す。 自立性豊か。 表情が明るい。
マイナス面	誠実性、責任感に欠く。 規律が守れない。 目標意識の低さ。 努力をしない。	思いやりがない。 人嫌い。 孤立傾向。	計画性に欠く。 感情過多。 合理性に欠く。	非積極的。非行動的。 妬み、ひがみっぽい。 人見知りする。	思いのままに行動する。 協調性のなさ。 感情的になりやすい。
アドバイス	自分の考えやポリシーを持つことが大切!	人間関係は、ギブアンドテイクであり、協力関係が大切。最低限の思いやりを!	思いつきばかりでなく、重要なことについて、最低限の計画性をもつ!	自分の明るい部分をもっと、表情や態度に出してみる!	ある程度の我慢と継続を!

解説　低い場合も同様に、プラスに発揮できているか確認しよう

4 タイプ別 モチベーション・スイッチの入れ方

エゴグラムのタイプによって、人の行動傾向をある程度分類することができます。この分類は、相手が上司であっても、部下であっても当てはまる傾向です。先述したとおり、コミュニケーションには相手のタイプに応じて、琴線に触れ心に響く最善のやり方があります。

次ページの表は、エゴグラムのタイプ別に購入心理を表したものです。これもタイプごとの行動心理の傾向の一例です。

FP（父性）の強い人は信念で動く人ですから、たとえば購入する対象が自動車であったら設計思想や性能の違いに注目します。

一方、MP（母性）の強い人が自動車を選ぶときには、環境にやさしいとか家族で移

顧客のタイプ別購買行動心理を覚えておく

お客様タイプ	購買行動心理	PR方法
FP(父性)	信念に基づく購入	正当性やポリシーをPR
MP(母性)	共感や同情による購入	共感事例等をPR
A(理性)	データに基づく購入	質・量の違いをPR
FC(無邪気)	好奇心による購入	意外性・おもしろさをPR
AC(従順)	評判や協調による購入	必需品・アフターの安心をPR

解説

何かを購入しようとする時にも個性がでる。個性に応じたPR方法が効果的

動するときの楽しさなど共感性の高い点に注目するはずです。AC（従順的性格）が強い人であれば周囲の評判にも敏感に反応するでしょう。

■やる気スイッチのキーワードを使いこなす

エゴグラムの傾向は一般的なものですので、実際には個人差があると思ってください。

しかし5つの性格のうち、突出した部分が見られる人では、概ね次ページの表にある性格的傾向がうかがわれるはずです。したがって、やる気スイッチが入るシチュエーションやキーワードにも一定の傾向が出ることになります。

FPの高い人には、相互扶助より自己責任に訴えるほうが効果的です。したがって、責任感がキーワードとなり、お互い仲間じゃないかというような助け合いを要求する訴え方は逆効果です。

MPの高い人は、FPタイプとは逆に仲間であることが大事ですので、存在の承認を証明する細やかなコミュニケーションが欠かせません。「みんなのために」という言

モチベーションスイッチ タイプ別やる気キーワードを覚えておく

	やる気の出るキーワード	やる気減退の失敗例
FP(父性)の高い人	責任感ある正しい判断や行動を評価する キーワード:**「責任感」**に訴えること	**「仲間」**であることを強調する
MP(母性)の高い人	他者本位の姿勢やホスピタリティー精神を評価 キーワード:**「人を大切にしている」**ことへの感謝を伝える	**「無視(無関心)」**すること
A(理性)の高い人	客観性ある合理的・論理的判断を評価 キーワード:**「判断力」**を信頼していることを伝える	**「情」**に訴えること
FC(無邪気)の高い人	創造性、行動力、フットワークのよさを評価 キーワード:**「行動力」**に期待していることを伝える	**「自由度をなくす、ルールで縛る」**こと
AC(従順)の高い人	協調姿勢や安定的にまじめに取り組む姿勢を評価 キーワード:**「仲間」**であることを伝える	**「期待過剰」**を伝えてしまう

解説

やる気のキーワードを参考にモチベーションのスイッチを入れれよう

葉によってやる気スイッチが入るのがこのタイプと言えます。

Ａの高い人は理論派ですから、やる気スイッチも論理的でなければなりません。論理的な分析や判断を評価するということがキーワードになります。

ＦＣの高い人は、とりあえずやってみようという行動派ですから、フットワークの軽さや行動力を評価することでやる気スイッチが入ります。論理性より直感重視ですので、やる気スイッチは簡単に入りますが、自由度をなくすルールやしばりの強さによって、すぐやる気が消沈するのがこのタイプです。

ＡＣの高い人は、ある意味でやる気スイッチが入りにくい、あるいはスイッチが入っているのか、いないのか見分けがつきにくい人でもあります。普段から指示命令どおりに動いていますし、感情が表に出にくいタイプですから、よろこんでやっているか否かがわからないのです。きちんとやっていることを認めてあげること、コミュニケーションを切らさず、可能な限りほめてあげることで自信をつけ、やる気になります。といって過度に期待していることを伝えるのは、本人にとっては重荷となることも多いため、期待過剰には要注意です。

タイプ別の適性傾向をうまく生かす

	適性傾向
FP(父性) の高い人	経営戦略立案や強いリーダーシップなど、 決断と実行力を求められる業務
MP(母性) の高い人	顧客対応や部下のケアなど、相手の人間性を 尊重する業務
A(理性) の高い人	戦略・戦術など客観的な分析・検討を要する業務
FC(無邪気) の高い人	企画、新規開発など、斬新な発想・行動を要する業務
AC(従順) の高い人	マネジメントなど組織の維持・管理などを行う業務

解説

個性タイプに応じて、適性のある職務を把握しようこれらの特性を把握したうえで、**気をつけなければいけないのが、「人は同質性を求める」という癖です**。人は自分に似ている人に安心を見いだし、評価し、近くに置きたがるものです。しかしそれは必ずしも組織にとって最善ではなく、むしろ異質同士の組合わせが相乗効果を生み出すこともあります。

■リーダーシップの発揮の仕方もタイプで異なる

リーダーシップの発揮の仕方もタイプによって違いがあります。

概してFPの高い人のリーダーシップは、規律重視、目標重視に向かいます。業績重視といっても最低これだけはやらねばならないという「死守型」のリーダーシップであり、FCが高い人に見られる挑戦的な業績拡大とは違います。

MPの高い人は、組織の維持やメンバーの育成にリーダーシップを発揮する人です。ACの高い人は、決められたことは守りますので、やるべきことは手抜きせずに実行する背中で引っ張るリーダーシップとなります。

MP、FP、FC、ACの組合わせで傾向を見ると、「FC＋MP」タイプは先導型、

リーダーシップ発揮の方向性を見極めた例

〔ある企業の営業マネジャー20名のサンプル〕

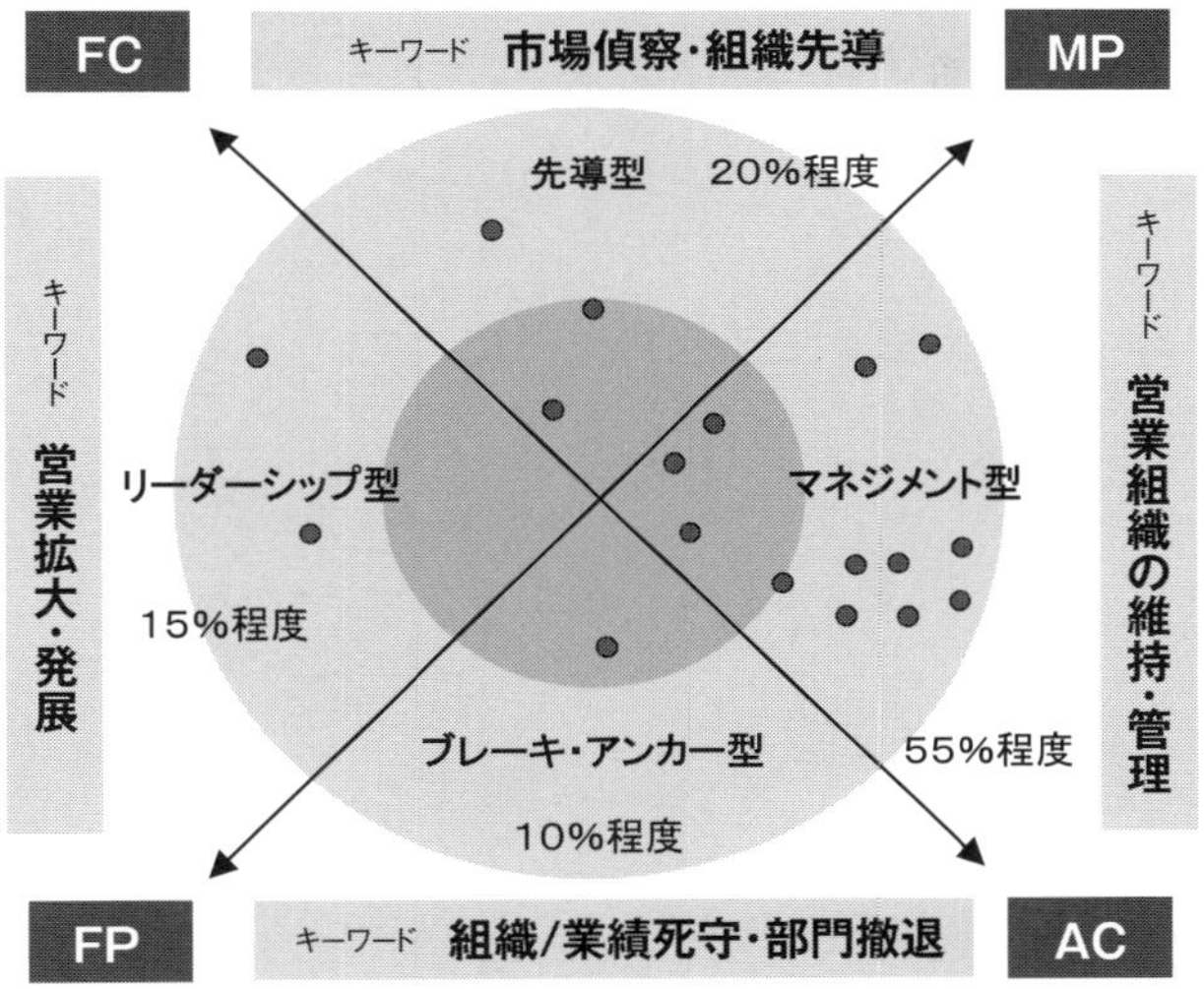

%表示は一般的な出現率　● 印は営業マネジャーの分布状況

先導型　常にワンマンプレーヤーに陥りがち ⇒ チーム発展・業績達成を常に意識する

リーダーシップ型　独善独歩・猪突猛進に陥りがち
⇒組織がついてきているか、常にチームプレーを意識する

マネジメント型　発展的施策より保守的維持・継続に陥りがち
⇒戦略力を強化し、組織の発展的チャレンジを常に意識する

ブレーキ・アンカー型　常にブレーキ役に陥りがち
⇒組織に耳を傾け、チーム最良に向けた施策にチャレンジする

解説

リーダーの個性により組織の統括スタイルに違いがでる。組織課題とのギャップに注意しよう

「ＭＰ＋ＡＣ」タイプはマネジメント型、「ＡＣ＋ＦＰ」タイプはアンカー型、「ＦＰ＋ＦＣ」タイプはリーダーシップ型という具合に分けることができます。

先導型はスタンドプレーに走りがち、マネジメント型は保守的になりがち、アンカー型は火消し、ブレーキ役になりがち、リーダーシップ型は独善的になりがちというのが弱点です。

第 5 章

報酬だけでは決まらない！
現場を正しく意識改革する

・
・

社員は期待され、信頼され、
認められることで自信と誇りを得る

正しいプロ意識は
自信と誇りから生まれる

1 自ら考え自ら行動する集団をつくる5段階を把握する

社長と社員がひとつになる、全社一丸となって挑戦するというのはよく見かけるスローガンです。しかし、経営者と社員がひとつになるというのは、具体的にはどういう状態のことを言うのでしょうか。

実は、社長と社員が一体、全社一丸という状態は、なかなか説明しづらいものです。ただ、こうした状態にある組織なら、間違いなくそこにいる社員は経営者と心が繋がっていると思っていますし、経営者は社員の気持ちがわかっていると信じています。言ってみれば双方が信頼し合っている状況です。ただし、それがわかるのは当事者だけ。

明確な特徴があるわけではありませんので、外から見ているだけではわかりにくいものです。**極論すれば社長と社員全員が「わが社は社長と社員がひとつになっている」と思っていれば、その会社は全社一丸体制だと言うこともできます。**

ただし、社員が本心から社長とひとつになっていると信じてはじめて到達できるのが全社一丸の状態ですので、表面をつくろっているだけの組織では絶対に一丸になり得ません。肝心なことは虚飾を排した関係で強くつながることです。

■組織変革に至るまでの流れをつかむ

私は、組織変革を次の5つのステップで行っています。

ステップ1：始動
ステップ2：共感づくり
ステップ3：引き出し
ステップ4：行動変化
ステップ5：新しい企業文化の誕生

この5つのステップの中でも、それぞれに段階があります。その説明の前に、この

5つのステップの概要を見ていきましょう。

ステップ1　始動

ステップ1の始動は文字どおりスタート、キックオフのことです。新しいステージに向かってみんなで動き出すことを宣言します。ここでどんな組織を目指すのか、ビジョンが定まっていればよいですが、まだこの段階では無理にそこまで求めることは必要ありません。

とにかく「新しいことをやる」「新しい会社に生まれ変わらせる」という漠然とした意識からスタートしても、迷走せずにゴールにたどり着くことはできます。

ステップ2　共感づくり

ステップ2の共感づくりは、お互いが信頼し合える関係を築くために不可欠です。

ありのままの自分を語ることによって得られる受容感や高揚感、お互いにありのままの自分を受け入れることで得られる安心感、そこから共感や共に成長するというプラスの感情が生まれます。

ツールとして360度多面評価（176ページ）、エゴグラム分析（146ページ）などを使うのもこの段階です。

ステップ3　引き出し

ステップ3の引き出しとは、共感から生まれたプラス感情を具体的なモチベーションに結びつける段階となります。

個々に持っている意欲や技能を引き出すためには、過去の人生によって形づくられた人生観や価値観の原点に遡ることも必要です。自己を深く内観することや、周囲のメンバーから受けるアドバイスや勇気づけ、それによって得られる深い気づきや、自分や会社の未来に向けた自信や高揚感はこのステップで生まれます。

ステップ4　行動変化

ステップ4の行動変化は、心の変化を具体的な行動の変化に落とし込んでいく段階です。

行動変化のレベル0は問題の認識、レベル1は問題の原因分析、レベル2は問題解決に結びつく本質的な原因の追求となります。

●ビジョンは現場と現実から離れてはいけない

行動変化のまとめの段階でビジョンづくりを行います。始動の段階でビジョンがなくても迷走しないと言ったのは、ここでビジョンを設定するからです。

ただしビジョンには良いビジョンと悪いビジョンがあります。

よく設定しがちなものに、「上場を目指そう」「年商50億円企業を目指そう」「業界ナンバー1のブランドを築こう」といったビジョンがあります。これらは会社のビジョンにはなりますが、個々の意識には届きにくいものです。つまり悪いビジョンの代表格です。

良いビジョンは現場に響く言葉でなければなりません。たとえば、「誇りのある仕事をしよう」というほうが、一見あいまいなようで社員には届くものです。

先に実例として紹介したホテルのように、「島を自分たちで守り貫くこと」に目覚めた幹部の間で出したビジョン（決意表明）、「どんな環境になろうと揺るぎない我々でいよう」といった、自分たちが内発的な係わりをイメージできるビジョンこそ心に響きます。

現実離れしたビジョンも人を動かせません。現場に響き、現実を踏まえたものが、今ここにいる人々の行動変革を促すビジョンとなります。

ステップ5 新しい企業文化の誕生

ステップ１からステップ４までを経て、ゴールとなる新しい企業文化の構築にたどり着きます。企業文化とは、文章化して額に入れて飾れば出来上がりというものではありません。行動の習慣化としての結果が企業文化なのです。

では、次の項から各ステップの詳細を説明します。

2 失敗しない組織変革は相互の信頼を高めることから

流行語にもなった「ぼーっと生きてんじゃねーよ！」は、NHKのクイズバラエティ番組の5歳女児を模したキャラクターの決め台詞です。なぜこんな挑発的な台詞が、多くの人に受け入れられているのか、不思議でなりません。

理由はさまざまでしょうが、私は日本人の多くに内心「自分はぼーっと生きているのではないか。ホントはもっと意識を高く生きなければ」という後ろめたさがあるからではないかと推測しています。

人は自らの内に「主体的に生きたい。今までよりよくありたい。もっと仲間に貢献し仲間から認められたい」という向上心や献身的な思いを抱いているものです。

社員の意識改革から組織変革への流れの中で、この人間として本来持っている美点の存在を疑えば、必ず組織改革はうまくいかなくなります。

美点凝視（88ページ）、これが組織改革を成功に導くキーワードと言ってもよいでしょう。

心の垢を落とす

人には「変わりたい」と思う反面、「無難に安全に生きていたい」という欲求も内在しています。積極的にチャレンジングに生きたいという思いと、できることなら苦労せずに楽をして生きていきたいという願いが、ひとりの人間の中で共存してしまう。

そのような矛盾を抱え葛藤しながら生きるのが人間です。

したがって組織変革を進めるときには、このままではいけないという向上心を刺激する必要があります。しかし、向上心を刺激するのに、「ここがいけない」「あれができていない」と欠点ばかりを指摘して修正するのは逆効果しか生みません。

だから「美点凝視」なのです。ステップ2の共感づくりやステップ4の行動変化では、美点凝視の姿勢が基本となります　そのうえで美点を発揮できない原因、阻害要因を取り除いてやることに力を注ぎます。阻害要因は、組織の仕組みや制度、職場の風土などによるものもありますが、多くは本人の中にあるものです。

内的要因は、自身のこれまでの人生に起因するものです。**隠している弱みや劣等感、本人が気づいていない性格的な癖だけでなく、本人の自信を支えている過去の成功体験も大きな阻害要因となることがあります**。

過去の成功体験があるために同じやり方に固執してしまい、それを変えることは自分の人生を否定することだと思い込んで強く抵抗しますが、これらは本人の心の中で起きていることなので見えにくいものです。

一見温和なのに実はものすごく頑固という人は、内面に否定されたくないものを持っています。意見は聞くけれども、絶対に聞き入れないというタイプです。

ですから、組織変革のためには、私は**まず彼らの抱えている意識的、無意識的な阻害要因の解消、すなわち「心の垢」を落とすことからステップ2の共感づくりがはじまります**。

私が研修生たちの心の垢を落とすために活用しているのが、この本で何度も登場している360度多面評価とエゴグラム分析です。

360度多面評価の集計結集グラフ

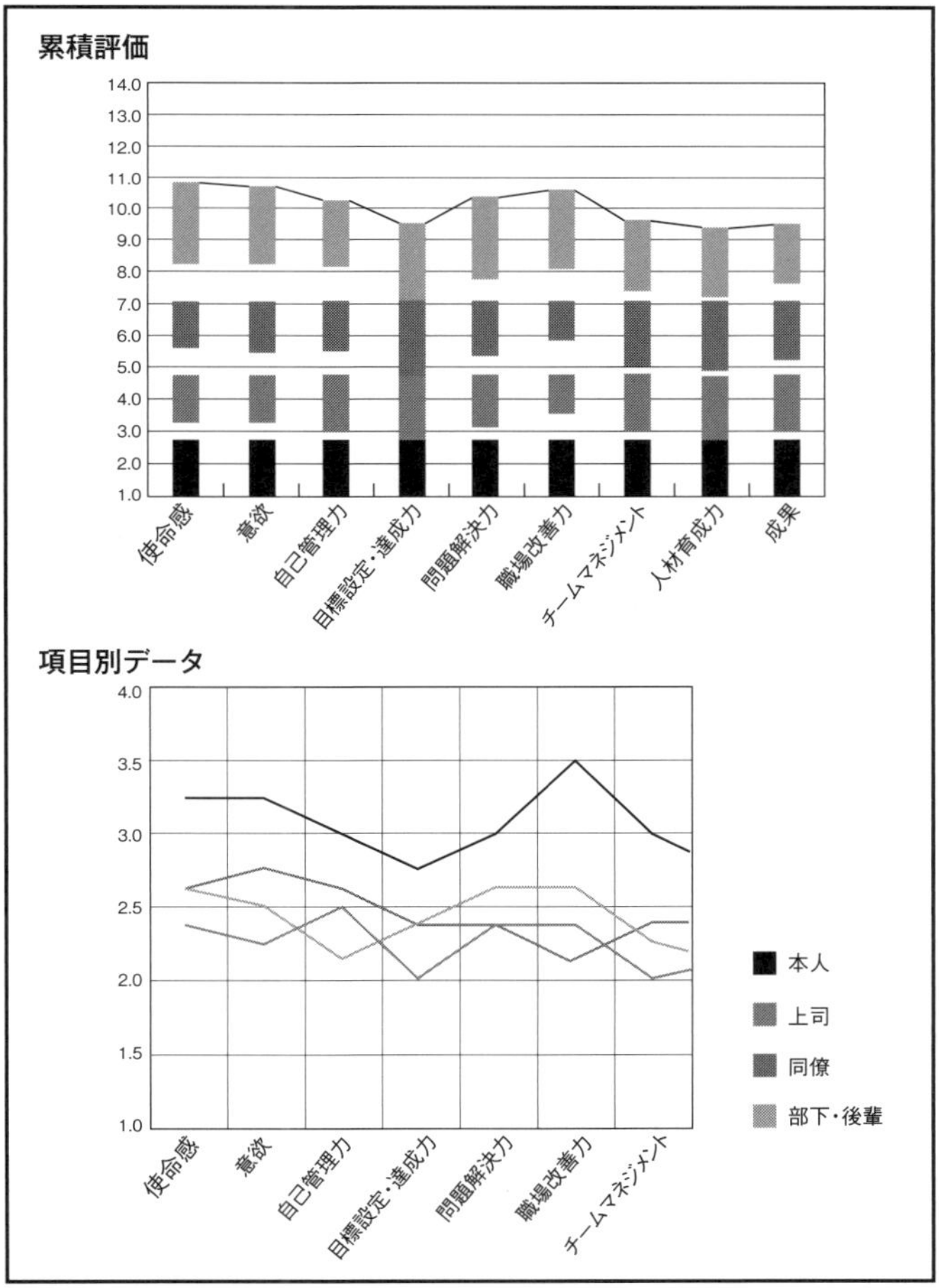

解説

階層（本人－上司－同僚－部下後輩）ごとに何らかの認識ギャップが現れてくる

3 自己改革はお互いを知ることからはじまる

360度多面評価では、**評価点の低い項目、本人評価と他者評価のギャップが大きい項目に注目します**。

たとえば左の評価結果では、マインドの使命感、その中でも責任感は本人が4と最高点で評価しているのに対し、部下の評価は2点です。上司の評価も2点と低い。

本人は責任感を意識して、そういう言動を心がけているつもりなのでしょうが、責任感のある自分を演じているに過ぎないことを上と下から見透かされているわけです。

意欲の項目にあるチャレンジ精神、仕事への情熱も本人評価と部下、上司の評価に差があります。

概して本気で仕事に取り組めていない、人生と仕事を切り離している、会社と仕事

360度多面評価の集計結果例

会　　社　　名：株式会社 鈴木産業　　実施日：令和元年8月1日
所属部署・役職：貿易事業部 課長
氏　　　　　名：鈴木 一郎

アセスメント評価項目				本人	上司	同僚	部下・後輩	
マインド	使命感	使命感	自分に与えられた使命を十分に認識しており、その実現に向け邁進している。	3.0	2.5	2.5	3.0	1
		責任感	常に責任ある判断を行い、自分の判断には最後まで責任を持った行動をとっている。	4.0	2.0	3.0	2.0	2
		愛社精神	自社を愛しており、もっとも良い会社にしたいと強く感じている。	3.0	2.5	3.0	3.0	3
		感謝心	自分を取り巻く環境に常に感謝心を持ち、日々の業務に携わっている。	3.0	2.5	2.0	2.5	4
				3.3	**2.4**	**2.6**	**2.6**	
	意欲	チャレンジ精神	現状に甘んじることなく、改善・改善提案を行ったり、新しいテーマへの挑戦を続けている。	4.0	2.0	3.0	2.5	5
		達成志向	困難や障害があろうとも、それを乗り越えるための手段を考え抜き、行動に移している。	3.0	2.0	2.5	2.5	6
		仕事への情熱	仕事に「やりがい」や「誇り」を覚え、その遂行に全精力を注いでいる。	4.0	2.5	3.0	2.5	7
		モチベーション	ネガティブな感情に支配されることなく、常にモチベーションを高く保有している。	2.0	2.5	2.5	2.5	8
				3.3	**2.3**	**2.8**	**2.5**	
	自己管理力	節度ある態度	礼儀やマナー、節度ある言動や規則遵守を大切にしており、日頃の言動にも安心感・信頼感が溢れている。	3.0	2.5	3.0	2.5	9
		自己革新性	困難や障害があろうとも責任転嫁せず、己を律して自己革新を続けており、人間的な幅・深さ共に成長し続けている。	3.0	2.5	2.5	1.5	10
		自己成長努力	自分の見識や技能をより良きものに向上させようと、日々積極的に学習努力をしている。	3.0	2.0	3.0	2.0	11
		セルフコントロール	ストレス耐性が高く、ストレス状況の中でも感情的になることなく、常に明るく前向きに打破している。	3.0	3.0	2.0	2.5	12
				3.0	2.5	2.6	2.1	
				3.2	**2.4**	**2.7**	**2.4**	
マネジメント	目標設定・達成力	積極的目標設定	量・質ともに常に高い目標にチャレンジし、自分やチームの成長の可能性を引き出している。	3.0	2.0	2.0	2.0	13
		実現に向けた具体的計画	経営ビジョン・方針と連動し、明確な目標と達成行動に向け積極的・具体的な計画立案を行っている。	3.0	2.0	2.5	2.0	14
		計画遂行力	目標と現状のギャップを常に確認・予測し、ギャップに対してタイムリーに効果的な対策を講じている。	3.0	2.0	2.5	3.0	15
		実現執着力	常に目標達成のイメージを鮮明に持ち続け、実現に向けた意欲を常に高いレベルで保有している。	2.0	2.0	2.5	2.5	16
				2.8	2.0	2.4	2.4	
	問題解決力	論理的思考力	問題や課題に関して、原因と結果の因果関係を整理し、論理的に解決している。	2.0	2.0	2.0	2.5	17
		判断力	仕事の目的・手段を適切に把握した上で、タイムリーな裁量判断で行動している。	4.0	3.0	2.5	2.5	18
		改善定着力	問題発生のパターンを分析し、再発防止策を打ち出し現場に定着させている。	3.0	2.5	2.5	3.0	19
		柔軟性・革新性	状況に応じて仕事のやり方を抜本的に変えるなど、改善に向けた革新性を発揮している。	3.0	2.0	2.5	2.5	20
				3.0	**2.4**	**2.4**	**2.6**	

解説

「貿易事業部 鈴木課長」の多面評価サンプル。評価項目ごとにギャップが見られるに対して冷ややかな傾向が、この360度評価の被験者には見られます。

この評価結果が研修でフィードバックされると、必ずひと悶着起きますが、想定内です。理解できるまでは、どうしても自分を正当化する思考が働くからです。そのため評価値自体は重要ではないことと、360度多面評価は人事評価とは何ら関係ないことをよく理解してもらいます。

■ありのままの自分を語り、ありのままの他者を受け入れる

仕事に真正面から向き合えていないのはなぜか。

その理由、背景を深く掘り下げていくのが研修の入り口です。組織変革はまず自己改革から、自己改革は自己開示からはじまります。

人は隠し事があると、人と本気で付き合うことができません。

しかし、360度多面評価を通じて、隠しているつもりでも、実は隠しきれていないことがわかると、そこから心が軽くなることがあります。

心が軽くなると、今まで抑え込んでいたものも解放されはじめます。正直に、率直

幹部や社員が自ら会社を変えていく、組織変革の3象限

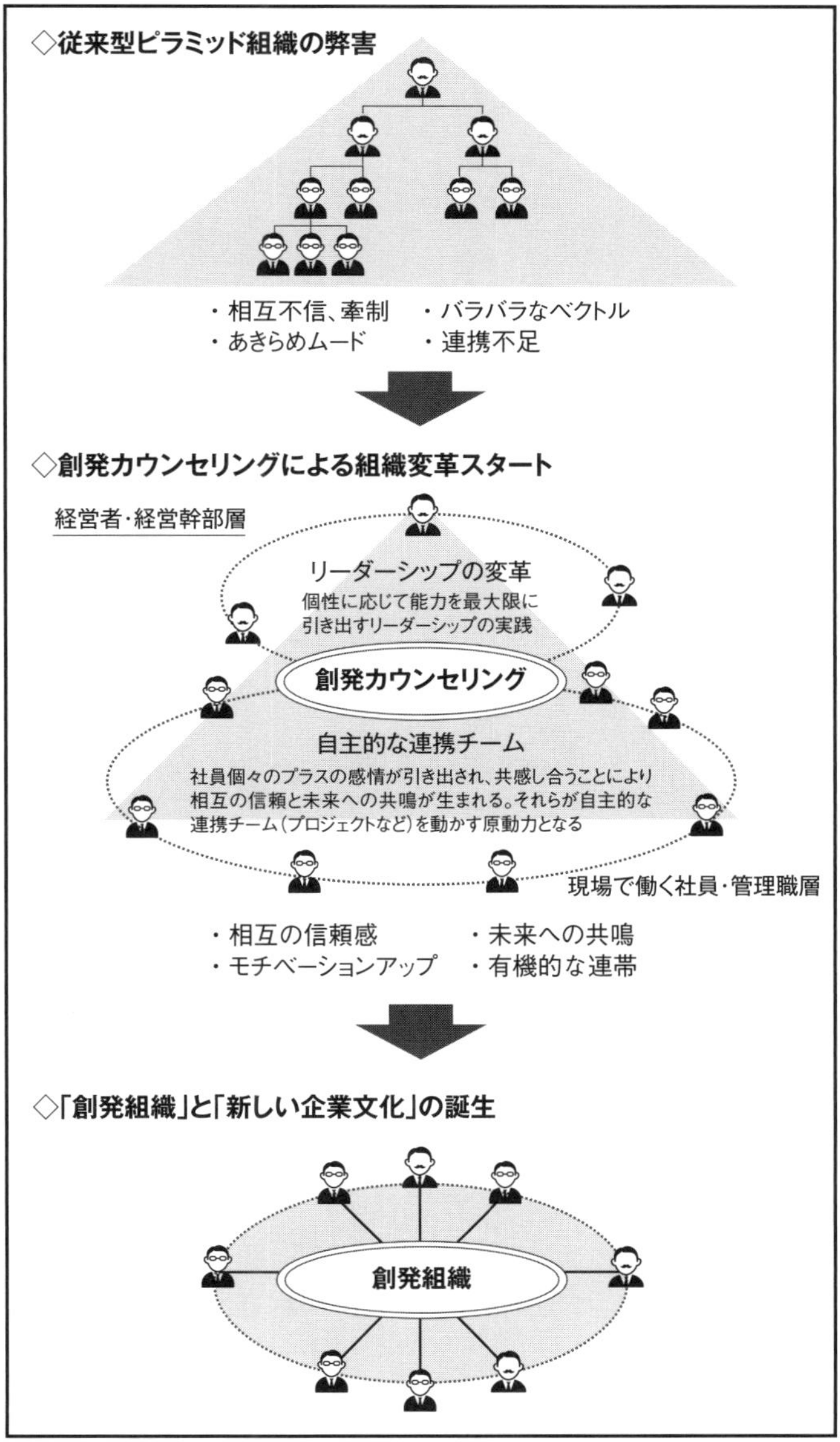

に自分を語りはじめるのです。

共感づくりの第一歩は、自分をありのままに語ること。そして、ありのままの他者を受け入れることです。

そうしたプロセスを研修メンバー全体で行っていくうち、全体がオープンマインドという状態に近づいていくと、相手を受け入れられる心の状態になります。

相手を受け入れられる状態ができあがると、さらに深く自分を語るとともに、共に成長したいというプラスの感情、すなわち仲間と共に成長したいという期待感が生まれます。

大手企業の上層部のメンバーを対象に、組織改革研修を実施することもよくありますが、こうしたエスタブリッシュメントの人々には、概してオープンマインドになるまでに時間がかかるという傾向があります。

小規模の組織と違い、競争の中で、お互いにライバルとして闘い続けてきた相手に向かって自己開示するのですから、どうしても弱みが見せられない。

そんな心境に陥ります。

しかし、**時間の経過とともに心がほぐれてくると、これまでの社内人生における仕**

事や人間関係の中で、抱えてきた挫折や葛藤、トラウマといった負の感情が一気に噴き出してきます。

そんなありのままを語り、ありのままを周囲に受け入れてもらい、また、他者のありのままを聴き、受け入れる、その中で生まれる連帯感はひとしおです。

個々の内面の歪んだタガが外れ、周囲との一体感が生まれたときが、その個人や組織の持つ潜在力が一気に発揮される重要なきっかけになります。この瞬間から会社が生まれ変わりはじめることに繋がるのです。

4 「変わらなければ！」では本当に変わることはできない

行動変化に至るまでのプロセスには、相互の共感と本人のモチベーションを引き出す段階があります。

行動変化というのは結果ですが、変わらなかったものが変わったからよいという結果論だけで判断することは間違いです。

良い方向に変わったのか、悪い方向に変わったのかということを言っているのではありません。たとえ良い方向に変わっていようとも、外圧によって強要された場合のようなプロセスに欠陥のある変わり方では、長続きしないばかりか、必ず本人が破綻します。

厳しい自己啓発セミナーでよく耳にする「一過性」とか「長続きしない」といったネガティブな評価は、これにあたるのでしょう。

つまり、行動変化の重要な鍵は、そのプロセスにあるということです。

プロセスで注目すべき点は、モチベーションの発現段階にあります。

このとき本人は意欲的な状態になっているはずですが、その意欲が「自分は変わらなくてはいけない」という強迫的な発現でなく、「**変わりたい、新しい自分に挑戦したい、今までやってこなかったことにチャレンジしたい**」という自主的な欲求から出たものでなければいけません。

■レベルゼロという水面下の段階

「変わらなければいけない」という意識は、研修や上司の言葉を、とりあえず頭で理解した段階でよく出てくる言葉です。

しかしこの段階では、本人の人生観や価値観、仕事観の掘り下げが、まだ十分にできている状態であるとは言えません。

「変わらなければ」のレベルでは未完成と見るべきです。

精神的な表現になりますが、変わらなければというのは、変われという自分以外のだれかの意思を反映した行動です。本当に変わるのであれば、自分の内なる声を聞かなければなりません。「変わりたい」という内なる声こそが、変化の入り口に差し掛かった兆しです。

この段階でのモチベーションはレベル0という状況です。とはいえ、レベル0でもモチベーションは起きていますし、レベル0がなければ、レベル1も2もないのですから、重要な段階であることは間違いありません。しかしこの段階では、大きな組織改革は望めません。

■問題を生じさせる原因の一端は過去にあることも

レベルゼロという状態は、問題の認識はしているという状態と言えます。自分自身に問題があることは認識しており、それを解決しなくてはという本人の思いにも偽りはありません。したがってその点を評価することもできます。

ただ、ここでよく失敗するのは、原因を捉えずに対策を練ってしまうことです。

問題の原因、すなわちその問題はどこから生じているもので、どういう経緯を経て今日のような状況になっているのかという分析が十分でないと、悪いことはわかっていても、何が悪いのか、どうすればよいのか、この段階では迷走するばかりとなってしまいます。表面的な問題に対しての対処療法、これでは本質的な解決は望めません。この段階に留まる限り、社員が自主性を発揮し、自ら主役となって会社を支えるという段階には到達しないのです。

本格的な行動変化に結びつくのはレベル１からです。

レベル1とは問題の原因分析であり、ここではこれまでの人生を振り返ることも行います。問題を生じさせる本質的な原因の一端は、多くの場合、これまでの人生にその淵源があるからです。

■本質まで掘り下げたビジョンになると言葉が違ってくる

レベル１で問題を生じさせる原因をとことん追求した後、**レベル2で問題解決の方向と方法を探ります。**

問題を解決するには、その原因を明らかにするだけでは不十分です。なぜなら原因がわかっても、ときには手の打ちようがない場合や、原因のひとつには違いないものの核心的な解決はそこではないという場合があるからです。

問題の原因イコール問題の本質とは限りません。

問題解決のためにはその本質を探り出さなければならないのです。問題解決では、よく「なぜ」を3回繰り返せといいますが、ここで改めて問題の本質を探り出すには、やはり「なぜ」を繰り返す必要があります。

ここでやっと解決すべき問題の本質が明らかになり、変わるべき自分の本当の方向も見えてくるはずです。

周りから言われたから変わろうとしているのか、自ら変わりたいと考えているのか、それは本人の決意宣言やコミットメントを見ればわかります。

こうした自己改革を経た人の言葉には説得力があります。彼らの自己変革が仲間の自己変革を促し、組織全体を変革していくのです。組織変革とは、こうした一人ひとりの自己改革の総和にほかなりません。

5 ある支社長が体験した自己革新プロセス

行動変化に至るまでのプロセス（問題認識→問題の原因分析→根本原因→対策への行動革新のプロセス）がイメージできる実例をひとつ紹介しましょう。

名古屋に本社を構え、食の安全にこだわった無添加食品の宅配サービスを手がける、社員、パート社員を含め約２０００名の食品メーカーがあります。

その理念や安心して家族に提供できる食材の品質に魅力を感じて、定期購入する全国のロイヤルカスタマーに支えられている企業です。

この事例の主人公は、社員・パート社員約２００名の大型支社を預かる関西支社長。年齢は40代半ば、非常に利発で戦略的であり、強力なリーダーシップを発揮していました。

新卒後、南関東支社で基礎を学ぶと、順調にキャリアを積み重ね、同期内でも出世頭として見られていました。

彼に対する会社の期待は大きく、代替わりで新社長が就任すると同時に、大型支社の筆頭である東京支社長に抜擢されます。

■エリート社員が味わう、生まれて初めての敗北感

しかし、そこで経験したのが東京支社で長年働く社員たちの強烈な反発でした。古参社員の意向を軽視した、彼の強引な運営に対する不満が表れたのです。支社の混乱は長期化し、業績にも影響が出始めました。

事態の収拾がつかないことに業を煮やした社長は、支社長交代という苦渋の決断をします。

東京支社を外されるような形で、単身で新天地である関西支社の支社長に異動となったのです。

その数カ月後、各支社長を一堂に集めた研修で私と出会うことになります。

関西支社長がさまざまな葛藤を経て、過去を吹っ切り、見事な行動革新を起こしたプロセスを、心境の変化にフォーカスし描いてみたいと思います。

〔レベル0 問題認識〕
関西支社経営に本気で取り組んでいない
〔レベル1 問題の原因〕
会社への不信、強い挫折感
〔レベル2 本質的原因〕
自分自身の根底にあるおごり
〔対策に向けた行動革新のスローガン〕
過去を払拭し、支社のメンバーと共に新しい関西支社を本気で立ち上げる！

言葉を並べただけでは、その迫力は伝わらないかもしれませんが、このプロセスを他の支社長たちと議論し、最終的に関西支社でやり直す決意を持つまで約3時間、さまざまな葛藤や気づきの深い議論が展開されていきました。

ひとりの人間の心の中で起きていたこと

彼の心理を描写すると、こうなります。

・関西に左遷されて以降、本気になれない。東京支社に赴任した時、前任支社との組織風土の違いは感じたが、持ち前のリーダーシップと思考している新たな営業戦略によって何とかなると確信していた。
・まったく聞く耳を持とうとしない東京のメンバーには怒りも感じたが、少しでも動き出せば、成功体験のきっかけとなり、組織は動き出すものと考えていた。
・戦略的な手も、それなりに打ってきた。
・にもかかわらず、会社から突然の関西支社への異動命令。会社は何を考えているのかわからない、自分の中で何か張っていたものが切れた。

こうして意欲を失っていた只中に、彼は研修に参加したのです。

そうしてそれぞれの支社長が、これまでの赴任先や仕事内容、人間関係の中で、挫折や葛藤、トラウマといった傷を抱えていたことを目の当たりにします。

やがて彼の心は、常に出世の先頭を走ってきた自分は恵まれていたのではないか、どこまで他の支社長の苦労を慮ってあげたんだろう、自分のことしか考えてこなかったのではないか、と気づきはじめます。

自分が変わると世界が変わる

研修中に起きた彼の心の変化は、研修のプロセスで直接彼の口から聞いたことです。彼の自己開示は、他の支社長たちも聞いています。大半は、ワガコトとして聞いていたはずです。彼は、自分の心の声を次のように続けました。

東京支社の失敗は、自分よりもずっと以前から支社を支え、踏ん張ってきた古参社員の意見に耳を貸そうとせず、自分の思い描いていた営業戦略を、ただただ押し付けてきた結果なのかもしれない。

つまり、これまで自分ではまったく気づかなかったが、自分は知らず知らずのうちにずっと驕《おご》っていたのではないか。出世頭と言われ天狗になっていたのではないか。

ここまでは過去の反省、彼は、そこから今の自分の立場を考えはじめます。

今の関西支社も現場で踏ん張ってくれている社員がいる。こんなネガティブな自分をリーダーとして支えようとしてくれている社員がいる。オレは、その社員のことも考えず自分のことばかりだった。

これからは出直そう。

今の関西支社の社員と出直そう、一緒に新しい関西支社を創り上げよう、彼らのためにやろう。

最後の3行は彼の決意表明でした。

研修から1カ月後、フォロー研修の場で、東京での失敗を吹っ切り、清々しく関西支社を取り仕切ろうとする彼の姿が印象的でした。

6 正しく意識改革するには改革をやめてはならない

トヨタは、なぜトヨタなのか。

トヨタ自動車が、日本国内で常にトップである理由、世界でもベストスリーにランキングされる理由を考えてみますと、いくつか思い当たることがあります。

技術的なことはもちろんですが、私はトヨタに根付いている「カイゼン」に、その核心があるように思えてなりません。

「カイゼン」の前提にあるのは、このままではいけないという危機意識です。トヨタには伝統的に組織に「危機意識」文化があるように見えます。しかし、変わらなければいけないという危機意識の段階は、前述したとおりレベル0となります。

組織的にレベル0を共有する文化が、トヨタにはあると言えるのではないでしょうか。トヨタでは、このレベル0段階を「カイゼン」によって行動変化に結びつけ、レベル1、レベル2と段階を上げ、現場に落とし込んでいるように思います。

トヨタは、いわば組織の文化として意識改革を促す仕組みを持っているのです。

社員は組織の文化に背中を押され、行動変化を求められていますから、どこまで自発的な変化と言えるかは不明な部分が残りますが、それでもトヨタは現場の意識改革の肝を教えてくれています。

■将が前進をやめれば兵は直ちに撤退をはじめる

現場の意識改革は、一度はじめたら途中でやめることはできないということです。最初の意識改革がどんなに成功を収めたとしても、そこで満足し行動変化をストップしてしまえば、改革は停滞するのではなく、後退をはじめてしまう。これが集団が持つ行動の原則といえます。

現場の改革がうまくいっている場合、それは現場の社員とトップあるいはリーダーとの関係性の中でうまくいっているといえます。しかし、現場の改革が滞っているとすれば、それはトップ、リーダーのやり方に問題があると見るべきです。けっして現場の社員の責任に転嫁してはいけません。極端に言えば現場の手柄は現場のもの、現場の不具合はトップ、リーダーの責任と割り切ってもよいくらいです。

現場の改革は改革し続けることで改革となる、変わり続けない改革は失敗である、と認識してください。今回成功したから、後はこのまま様子見で、ということはあり得ません。**改革をストップさせない責任はトップ、リーダーにあります**。現場の改革の成否は、結局トップやリーダーの肩にかかっているということなのです。

■実のないスローガン経営に陥らない

しかし、改革の継続はトップやリーダーの責任といっても、四六時中社員に「変われ、変われ」と言い続ける必要はありません。

本来の現場の改革というものは、下りの坂道を転がるようなものですから、止まりそうになったときに、進むべき方向へ少し力を加えるだけでよいのです。

もうこれで十分と思っていたら、「いやもっとよく考えてみよう。まだまだやるべ

きことがあるのではないか」と意識づけをしてやる。飽きてきてしまったようなら、少し角度を変えてやる。そういうきっかけづくりをしてやれば、彼らはまた動き出します。

どうやって動くか、やり方や計画は彼らに任せて問題ありません。むしろ積極的に任せるべきです。

トップ、リーダーがどっちに進むべきかを指示したら、後は現場の自主性を思い切り発揮できるように任せて構いません。極端な言い方をすれば、いつ職場に来て、いつ帰るかも、彼らに任せてよいくらいです。

しかし、やってはいけないこともあります。

それは「継続は力なり」とか、「持続的成長は持続的改革から」というようなスローガンを職場に貼り出して、それで意識づけをしたと考えることです。

こうした心に響かないスローガンを貼り出すくらいなら、リーダーが毎日朝礼で同じことを言うほうがいくらかましと言えます。人が人に何かを伝えようとすれば、そこには必ず心が伴いますから、同じスローガンでも直接言うほうが、想いが響くはずです。

その想いが、みんなのためを考えた正直で素直なものであれば、人はそれを感じて自ら動き出します。

7 何はなくとも自由にモノが言える組織をつくる

退職代行というサービスが繁盛しているようです。

この新しいサービスは法的な問題もはらんでいるようですが、辞めたいが辞めさせてもらえない、辞めたいが言い出しにくいという人が利用しています。

会社を辞めるというのは、私も自分の創った会社を退職したことがありますので、なかなかエネルギーのいることだとは承知しています。

しかし、組織的に見ると辞めたいのに辞めさせてもらえない、辞めたいが言い出しにくいというのはとてもいびつな状態であると思います。

突然、退職代行業から退職の通知がきて、「なぜ辞めるのかわからない」とオロオロする経営者もいるそうですが、気持ちはとてもよくわかります。代行業者から退職通知、印象はやはり奇妙です。むしろ問題の核心は、なぜ辞めるのかわからないという点に潜んでいるように思います。

■風通し以前の組織の問題

健全な組織とは、言いづらいことを自由に率直に言える組織です。

「辞めたい」と言いづらいというのは当然ですが、なぜ辞めたいのか、その理由を含め社内で相談できないのは、職場の空気がそうさせているからでしょう。

つまり、突然の退職という現象が表れてから現実を知るということは、組織の風土が抑圧的であり、そのことを上の人だけが気づいていない、という二重の問題がある状態といえます。

下から不満が上がってこないのは、不満がないのではなく、不満を上げるルートがないだけなのです。

どんなことでも社員が安心して、率直に物が言える組織であれば、辞めるということがいくら言いづらいことであっても、突然、退職代行を通じて会社に伝わってくるということはないと思います。

■モノが言える健全な組織づくりの鍵はトップ

安心して、自由に、率直にモノが言える組織とは、組織改革で目指す形の一つでもあります。では、どうすればそのような組織になるのか。また、みんなが自由に率直にモノを言ってしまって職場が言い争いばかりにならないのか。

率直にモノが言える職場づくりの鍵も、自由な議論が口論やケンカにならない鍵も、両方とも社長が握っています。

禅宗の高僧に良寛という人がいました。

多くの優れた書や歌を残された人です。その良寛禅師が旅の途中で、ある名主の家に逗留しました。名主は名高い良寛さんが宿泊するというので、ぜひ我が家の放蕩息子に仕事に精を出すよう説教してほしいと頼みます。

良寛さんは、名主の頼みを快諾しました。

その晩、さっそく名主の息子が良寛さんの部屋を訪れます。名主がこっそりその様子をうかがっていると、息子ばかりが話し、良寛さんは話にあいづちを打って聞き入るばかりで何も話そうとしません。

次の晩も、その次の晩も息子は良寛禅師のところへやって来ました。

しかし、良寛さんは相変わらず息子の話を聞いてばかり。そしてとうとう次の日の朝、旅立ってしまいました。名主はガッカリです。ところが、その日から息子は人が変わったように朝早くから夜遅くまで働くようになります。

名主の息子は、良寛さんのような立派な高僧が、自分の話を真剣に聞いてくれたことで自己重要感を感じたのです。そして放蕩など自分のやることではない、自分にふさわしい行いをすべきと気づいたのです。

相手の話に耳を傾けるというのは、相手を尊重していると態度で示すことです。

組織のトップに話を聞いてもらえるというのは、社員にとって誉れです。社長が、一般社員の話に積極的に耳を傾ければ、だれでも積極的にモノを言うようになります。

また、**社長が人の話を傾聴している組織に、自分の話ばかりを他人に押し付ける社員は出てきません。**だからモノが言える組織をつくるのも、健全な議論を根付かせるのも、社長が鍵になるということなのです。

第6章

「現場・現実・現有」経営資源主義のすすめ

・
・

企業は、今、ここで、
今いる社員で十分
勝負できます

1

「どうせ・いまさら」病を克服する

中小企業の社長は、よく「うちには人材がいない」と言います。

どうしても経営資源で大企業に劣る中小企業の悩みは、概ねヒトとカネです。大企業のように有名ではないし、給与面でも大企業のトップクラスのようにはいかない、だから仕方がないんだと思い込みがちです。

たしかに採用する人員の分母は、会社の規模からいっても大企業のほうが多い。人数が多ければ確率論から見ても、大企業のほうに良い人材が多く集まるのは当然と思います。

しかし、採用人数をもって「中小企業である、わが社には人材がいない」と決めつけるのは合理的とはいえません。

大企業にはたしかに優れた人がいますが、その人数はごくわずか。大企業だから社員はみんな優秀な人ばかりというのは誤った先入観です。

大企業といえども、本当に優秀な人材はほんの一握りで、多くの人は大企業の名刺を持っているから優秀そうに見えるだけです。

これは大企業に勤める人に聞いてもらえばわかります。

私は別にここで大企業の悪口を言いたいわけではありません。「社員が主役」の強い会社を創るには、どうせうちは中小企業だからという誤った先入観を、まず社長から改めてもらわなければならないから、あえて大企業の人たちの話をしたのです。

人材は設備と違って買ってくるものではなく、育てるものです。

どう育つかは育て方で決まります。社長が最初から「どうせ、うちは」とあきらめてしまっては、これから育とうという人も満足には育ちません。

■「どうせ」「いまさら」を禁句にする

できることなら、今日からでも「どうせ」は禁句とすべきです。

社員の意識に変化が見えても、社長が「どうせ」と考えたら、その後ろに続く言葉は「三日坊主」となります。「どうせ」と言わなければ、三日坊主とか一時的なものという否定的な言葉は浮かんできません。

人は言葉でモノを考えますから、ネガティブな言葉が使えなければネガティブな考えも浮かばないものです。

「どうせ、うちは中小企業だから」から「どうせ」を除くと、「うちは中小企業だから」、そうするとその後ろに続くのは「大企業ではできないこともできる」「意思決定から行動までが早い」という具合にポジティブな考えが浮かんできます。

まずは、社長がポジティブであること。社長がネガティブになってしまっては、会社や社員がポジティブになるはずがありません。

「いまさら」という台詞も会社を弱くする言葉です。

今までワンマン経営で「黙って俺についてこい」とリーダーシップをとってきたのに、今さら社員が主役と180度違うことを言うことはできない。

あるいは、「いまさら社員の意識改革などやっても、もう手遅れ」という台詞もセミナーや研修の現場でよく聞きます。

この「いまさら」は大企業の経営者でも口にする言葉です。「いまさら間違っていたとは言えない」「いまさら実は赤字でしたとは言えない」「いまさらこの事業は儲からないとは言えない」という理由で、会社が危機に向かって進むことがわかっていて、なお何もせずに見て見ぬふりをしていることは意外に多いものです。

『論語』には有名な「過ちを改むるに、はばかることなかれ」という言葉があります。けっして「いまさらもう手遅れ」なのではなく、「いまさら」と言っているうちに手遅れになるのが経営というものなのではないでしょうか。

自ら変わる気概を持とう

この世で唯一変わらないことは、世の中は変わり続けるということだといいます。「いまさら」と言っているうちに、周りは大きく変わってしまいます。手遅れにならないためには、昨日までの自分を疑うことからはじめるべきです。

「うちには人材がいない」と考えている社長は、人材がいないのではなく、社長が人材を人材として見ていなかったのではないか。育てようとしてこなかったのではないかと考えてみたらどうでしょう。

「人材がいない、いない」と嘆く前に、せめて一度、社内を先入観なく見渡してみてください。「いない」と思っていたものが、すこし見方を変えるだけで、案外身近にいることがあるものです。**社員の意識改革などどうせ三日坊主と思っている社長は、三日であきらめるのではなく、1週間、1カ月と変化を観察してはどうでしょう。**

必ず小さな変化が発見できるはずです。大きな変化は、小さな変化の積み重ねの結果でしか表れません。今さら変わるというのは勇気のいることだと思います。

しかし、変わらずに生き残っている会社はありません。

社長が昨日のままで変わらずにいることは、実は社員にとっても楽なのです。黙って社長の後について言われたことだけをやるなら、責任という重圧から一生逃れられます。

社長が勇気を持って変われば、社長に従い彼ら社員もまた、勇気を奮って自ら進んで仕事に取り組もう、となるのです。

「どうせ」「いまさら」と思う行為や言葉は、結果的に社員を甘やかし、また社長自身も甘やかしてしまうものではないでしょうか。

2 「デキる社員は辞めてしまう」というジレンマから抜け出す

名古屋のある中小企業の社長から、こんな嘆き節をこぼされたことがあります。

「社員を育てようと教育訓練を一生懸命やったのだが、デキるようになったなと思った社員から辞めてしまった」

教育訓練でマネジメントの基本を勉強したら、会社の粗《あら》ばかりが見えてきて転職したのか、仕事に自信ができて他の会社に移ったのか、いずれにしても社長はずいぶんショックを受けたようで、「もう二度と教育訓練はやらない」と言っていました。

教育訓練を導入したら社員が辞めてしまったという話は、あまり聞かないのでそういうこともあるのかと驚いた記憶があります。

しかし、この社長の意見に積極的に賛同する経営者は少ないかもしれませんが、消極的に賛同する経営者は意外に多いのではないかと思っています。

社員の意識改革に成功し、スキルアップさせたのはよいが、優秀な社員ほど新天地を求めて去っていくのではないかという危惧を密かに抱いている経営者は少なくないのではないでしょうか。

創業経営者の多くは、自分自身がそうやって会社を飛び出してきたのですから、デキる社員は自分と同じことをすると考えて当然です。

とはいえ、社長に言われたことしかできない社員ばかりでは会社は大きくなりません。

■「自分が会社の主役」と思っている社員は辞めない

外資系企業では社員に愛社精神を抱かせ、会社に留まらせるための施策を「エンゲージメント」といいます。

日本語にすると「抱き込み」ですね。

外資系企業でも社員の定着に悩んでいるように、企業にとって必要な優秀な社員が辞めていってしまうのは、ある割合までは自然現象と見るしかありません。

どんなに手塩にかけて育てても、離れていく者は離れていく。師弟関係であろうと、同志的な連帯感を持った上司と部下であろうと、ビジネス人生を通じて最後まで一緒というケースはごくわずかなはずです。

だからといって、次から次へと辞められてよいというわけにはいきません。

教育訓練で今そこにいる社員の能力を伸ばす、意識を変えるというのは、直接、社員の定着を促す施策ではありませんので、それとは別の施策を導入することが必要です。

ただし**定着を促す施策、すなわち抱き込み**（エンゲージメント）**施策は離職率を一定の割合以下に抑えるためのものであり、ひとりも辞めさせない施策というものは残念ながらありません**。

会社に愛着を持っている人とは、会社から尊重されている人、仲間から頼りにされている人、会社の中で自由にモノが言えて、仕事についてもある程度は自分の自由にできる人だろうと思います。

こういう人は、会社は自分の力で持っていると自分でも思っているはずです。

会社を引っ張っているのは自分だと思っているような実力者には、会社を飛び出す人も少なくないですが、**人は仲間に貢献することで精神的な充実を覚える動物ですので、多くの人は自分にとって精神的な充実を感じられる場所にとどまります。**

もちろん待遇面でも、ある程度満足に処遇しなければなりません。

しかし報酬ばかりを優先させても、精神的な充実を促す施策が伴っていなければ、結局他社との報酬競争に陥ってしまいます。

定着のための施策に悩む人は、もう一度マズローの欲求5段階の上位欲求に注目してみてください。

金銭的報酬は、下位にある欲求に応えるものです。

本当に人が望む欲求は上位に位置する欲求です。承認や尊重の欲求や自己実現の欲求に応える「賞賛」こそ、人を本気でやる気にさせる真の「報酬」と言えます。

社員の意欲と能力を高めたら、自分の会社は見捨てられてしまうと危惧するのでは、あまりに弱気と言わざるを得ません。

くだんの、この名古屋の社長には、「もっと自分の会社に自信を持ってください」と申し上げましたが、あまり納得した様子は見えませんでした。

3 マニュアル管理は社員を人間扱いしていない

人は自分を尊重する人を尊重するといいます。

「自分は尊重されている」と人が認識するのは、具体的には、きちんと話を聞いてもらっている、ある程度仕事を任せてもらっている、会社で重要なポジションを与えられているというような事実があるときでしょう。

仕事を任せるとは裁量権を与えるということです。

つまり、決められた範囲内で自分の好きなように仕事をしてよいと許可することが、社員が上司や会社を尊重する条件のひとつとなります。

自由裁量の範囲は社員の立場やキャリアによって違いますが、新入社員といえどもある程度の裁量の余地は与えられるべきです。

「新入社員には安心して仕事を任せられない、自由裁量などとんでもない、決められたことを決められたやり方で、マニュアルどおりの仕事をしていればそれでよい。そもそもマニュアルどおりの仕事さえ、きちんとできるかもわからないのに」

と言う社長も実に多いです。

気持ちはよくわかりますが、たとえば現場仕事であれば自由裁量で仕事をさせては本人の安全に関わるという作業以外は、裁量の余地を与えるべきです。

わずかな裁量さえ認めないという社員が会社や上司を尊重することは、新入社員を人間扱いしていないことと同じ。人間扱いされない社員が会社や上司を尊重することはありません。

そもそも論でいえば、新入社員はある程度の人数の中から選ばれて入ってきたはずです。中小企業といえども、わずかにエントリーしてきた人をすべて採用したということはないはずです。

期待できる、ある程度の素養はあると判断して採用した人材であれば、新入社員でも任せて仕事をさせるのが筋というものではないでしょうか。

いきなり現場に出しては危険という仕事であれば、そのための導入研修をすればよいのですから。現場に出してなお言われるままに動けというのでは意欲も失われます。

管理コストはかかるし新人は辞めるし…

新入社員なんかに任せて、何かあったらどうするんだと心配する人は多いです。

しかし、新入社員が何かをしでかす原因は、次の点で会社と上司のほうにあることがわかります。

1 そもそも何か問題があるような人を採用してはいけない
2 新人にとって失敗は勉強、取り返しのつく仕事を任せなければいけない
3 どこに注意しどこに気を使うか、事前のガイダンスをしなければならない
4 定期的な報告を義務づけ、適切なアドバイスをしなければならない

「やってみせ　言って聞かせて　させてみて　ほめてやらねば　人は動かじ」（山本五十六）といいます。マニュアルに書いてあるとおりにやれと言っても、それだけで人が思いどおりに動くわけではありません。

実際、マニュアルを与えておけば、後は放っておいてもよいと、本気で信じている人は少ないと思います。

マニュアルを与える場合は、そのとおりにやっているかを常に管理しなければなりませんから、管理の手間はかえって大きいのです。それに言われたことを言われたとおりにやる仕事には魅力がないですから、裁量権を与えられない新人は失望して辞めていってしまいます。

山本五十六の言葉は、次の二行が続きます。

「話し合い　耳を傾け　承認し　任せてやらねば　人は育たず」
「やっている　姿を感謝で　見守って　信頼せねば　人は実らず」

軍隊は一度入ったら、満期除隊の日が来るまで辞めることはできませんし、上官の命令は絶対、反抗すれば犯罪というタテ社会です。その途中で辞めることもできなければ、命令には絶対服従の軍隊でさえ、リーダーはここまでやらなければいけないのです。職業選択の自由が保障され、命令に従うことは原則とはいえ、反抗しても犯罪ではない現代の企業で、指示命令したらそのとおりに動くことが前提のマニュアル頼みでうまくいくはずがありません。

人には心と頭がある以上、そこを無視して機械のように働かせるということは、現実には不可能なのです。

4 「社員が主役の会社」とは社員を甘やかすことではない

「自分は社員稼業という独立経営体の主人公であるという信念に立とう」と、松下電器（現パナソニック）の創業者、松下幸之助氏の言葉にあります。

労働法上では、社員はいまだに使用人となっていますが、現代の日本で社員は経営者の言われたとおりに動くだけと考えている人はいないでしょう。

それでも、社員の自主性を伸ばすのはよいが、その結果、会社を勝手な方向へ持っていってしまわれないかと危惧する経営者もいます。あるいは社員を甘やかすことになって、かえって生産性が落ちると懸念する経営者もいるかもしれません。

「社員を主役にする」という考えは、会社の経営権を社員に明け渡すということを意味するのではなく、社員と経営者が協力して会社を創造することが目的です。

社長の座が脅かされる、または相対的に社長の権威が低下するとリーダーシップを発揮できなくなると思う人は、次の点について改めて考えてみてはいかがでしょうか。

社長とは社員を生かす人

そもそも社長とは何でしょうか。

社長というのは組織における役割です。では何のための役割でしょうか。それは、組織の方向性を示すこと、そのために何をするかを決めること、そしてその結果に対する責任を負うことです。

そのほか、**人材像を定めることも社長の役割といえます**。社長の権威や権力は、こうした役割を果たすためのものです。けっして、本人の自尊心を満足させるためや、周囲に威張り散らすためにあるわけではありません。

社長の座が脅かされるかどうかは、社員に権限を委譲した結果によるものではなく、社長がその役割を果たせなくなったときに起こることです。

具体的にいえば、会社が間違った方向に向かい、そのため業績不振に陥るといった状態が社長の危機となります。

古今東西、国が安定して国民が豊かな社会では、政権転覆を図るクーデターは起きませんし、起きても未遂に終わります。社長の権威も組織が安定していて、はじめて担保されるものです。しかし、現実的に経営は環境や戦略によって常に大きなうねりを起こすものです。順調に推移する時もあるでしょうし、苦労を強いられる厳しい時もあるでしょう。業績に翳りが出た時や、思わぬアクシデントに遭遇した時、どうしますか。

そんな時、**会社を立て直すために最も身近で頼りになるものが「社員の力」**だと私は考えています。

そのためにも、常に社員の自主性を刺激した組織づくりが必要になるのです。

「主役になる」とは責任を負うということ

社員の自主性に任せては、社員を甘やかすことになるという考えも現実と異なります。私がお手伝いしてきた会社で、**社員を主役にした結果、社員がサボって仕事をしなくなったというケースはありません。**一般論で考えても、自分で定めた目標は必ず実現させようとするものです。

残念ながら目指した期限までには目標に届かなかったとしても、必ず再チャレンジを誓います。そして1年でできなければ2年、2年でできなければ3年、と少しずつでも目標に向かって進み続けるはずです。

途中で挫折する人も出てきますが、多くの人は驚くほど粘り強くがんばります。

なぜでしょうか。それは、**自分で決めた目標に届かなかったということが、強烈な敗北感を伴うからです。敗北感は心の痛みといえます。**

上から押し付けられた目標では、未達成だとしても心の痛みは大したことはありません。押し付けの目標は、しょせん自分のことなど何も知らない他人が、勝手に考えて決めたもの、ヒトゴトですから、痛みも敗北感も大したことにはならないのです。

しかし、**自分で決めたことはワガコトですから、失敗したときのショックは大きい。**

といって自分に甘い目標ばかり設定していては、周囲の目がありますから、心にやましさを覚えますし、自分を甘やかしていては自尊心が傷つきます。

人間は私たちが考えるよりも、はるかに隠し事や偽りが心の負担になる動物です。

ですから社員を主役にすることは、なんら社員を甘やかすことにはなりません。

5 結局すべての会社は社長次第で決まる

近年ＡＩ（人工知能）が産業やビジネスを大きく変えると言われています。

しかしどんなにテクノロジーが発達したとしても、会社という、人が人を相手にビジネスを行う組織の主役は人。これは未来永劫変わることのない道理です。

作業は機械が代行できても、機械に仕事を任せることはあり得ません。

銀行では、ＡＩによる融資判定がかなりの段階まで進んでいると聞きます。キャッシュレス時代では、預金、融資とも窓口を通さずとも実行可能ですから、人が介在しなくても業務できると言われます。

たしかに「機械的な査定」だけで融資の実行を判定するのであれば、ＡＩで銀行業務を行うことができます。

ですが、それは機械が人間に取って代わったというよりも、銀行が本来の仕事を見失い、預金と融資の作業だけを行っていることを意味していると思います。

産業発展を資金面からサポートするという銀行の本来の役割は、フィンテックがあろうと人が主役です。

融資先企業の将来性のみならず、企業判定に最も重要な経営者の情熱や使命感を評価できるのは人間以外にいません。人が融資の判定をしていたからこそ、名もなく実績もない中小零細企業である京都セラミック（現・京セラ）に融資できたのです。

もし金融機関が、担保の評価だけで機械的な融資判定しかしなければ、今日の京セラがあったかどうかわかりません。

銀行がＡＩだけで動くようなことになれば、それはＡＩの進歩ではなく銀行業における人間の退化と考えるべきです。

■会社は社長の器以上にならない

組織の中でも人事評価をＡＩが行う動きがありますが、ＡＩには人の動きを分析・

評価することはできても、人を動機づけることはできません。

あらゆる仕事は、人を疎外したままでは十分な成果は上げられないのです。

ここまでいろいろなことを述べてきましたが、最後のまとめとしてもう一度「社員が主役の会社づくり」の目的を再確認いたします。

「社員が主役の会社づくり」とは、社員の中に眠っている力を引き出すための方法のひとつです。そして、**社員の中に眠っている力を目覚めさせ、表に引っ張り出せるのは社長だけだと言えます**。

社長の力こそが、社員を目覚めさせるのです。会社が伸びるのも、低迷するのも社長次第。これも未来永劫変わることのない事実だと思います。

会社は社長の器以上にはならないと言われます。会社の器は社長によって決まるというのは、長く会社と経営者を見続けた私の経験から言っても間違いありません。

会社で起こるすべては、社長を中心に動いていた結果ですし、すべての原点は社長にあり、すべての帰結も社長のところに戻ってきます。痛感されるところではないでしょうか。結局、組織を改革する最短の道は、社長が変わることにあるのです。

おわりに

新経営サービスでは、経営者や後継経営者、経営幹部の皆さんの「使命感に裏打ちされた真の経営」を支援するために、「自己革新」や「組織改革」の場で内観法を取り入れています。

自己内観とか、グループカウンセリングと称して、内面を見つめる時間を少なからず持ちます。チームを組み、互いの自己開示を経て、深い議論を展開していきます。

内観法とは、自分の内面を深く見つめることで、自分本来の姿を取り戻し、精神的な安定を求める一種の自己啓発の手法です。自分の内面に深く入っていくと、普段は気がつかなかった自分の考えにたどり着くことがあります。

経営者の内観のテーマには、

「自分はなぜ会社を創ったのか」「何のために経営するのか」「どこに向かおうとしているのか」といった本質的な問いかけをする場面もあります。

後継経営者や経営を引き継いだ新社長には、

「この会社を何のために引き継いだのか」「財産や組織、顧客や信頼といった資源以外に、先代（父）から何を引き継ごうとしているのか（理念）」「自分の時代に何を成し、何を未来に送ろうとしているのか」といった問いかけをすることもあります。

そこでは、単なる成功願望でなく、それを超えた人生を貫くテーマが見つかるはずです。

会社をどうしたいのか、社員にはどうなってほしいのか、追求していくと思わぬ本質に至るものです。

順風満帆な経営なんてありません。もちろん経営には多くの喜びもありますが、実際は苦労の連続であり、悩み苦しむ道を歩むことになります。

その中で、「自分の生きざまに根ざした真の使命」、つまり人生を貫くテーマに気づいた経営者は迫力が違います。経営に迷いがないからです。

会社を創ることと社員を育てることは、ひとつの事実を別の角度から見ている同義語です。社長にとって会社や社員は一心同体、愛すべき対象に他なりません。それは、たとえ社員が他社に移ったとしても、変わらない想いなのではないでしょうか。

「社員が主役の会社づくり」とは、社員が本来持っている向上心と誇りを、より高次のレベルに高め、経営者と共により高次の経営へと高めていく仕組みであり、社長が社員に抱いている本来の想いを実現させるための取り組みだと私は思っています。共に幸福を追求する手段だと信じています。

社員と苦楽を共にし、社員と共に信じる理念を実現していく、そんな人に根ざし人の幸せを貫く経営人生もありではないでしょうか。

最後になりますが、本書の出版に際しご協力いただきました、あさ出版の全スタッフの皆さまに心からお礼を申し上げます。

令和元年9月

志水　克行

著者紹介

志水克行（しみず・かつゆき）

株式会社新経営サービス 人材開発部マネージャー シニアコンサルタント。1964年京都府生まれ。19歳にて物流業を起業。HONDAのサプライチェーンの一画を担う。HONDAの物流改革の経験を通じ、使命に感じていた中小企業の経営改善支援を決意し、1992年新経営サービスに入社。以後、現場・現実主義を貫き、各社の実態に応じた経営改善や組織改革、社員のモチベーションアップ、人材育成を精力的に展開。経営改革の支援企業約400社、5,000名を超える経営者・管理者の「リーダーシップ革新」や「自己革新」を実現。特に、モチベーションや潜在能力を徹底的に引き出し、社員が主体となって経営改革に取り組んでいく組織変革手法は他の追随を許さない。経営改善の現場で裏打ちされた組織改革のノウハウが顧客より絶大な信頼を得ており、セミナーや研修のリピート率は90％を超える。

●株式会社新経営サービス http://www.skg.co.jp/
- 各企業の個別課題を解決するため、「組織変革プログラム」「自己革新」「360度リーダーシップ研修」など、具体的な解決プログラムを構築。
- 「経営者大学」「実践・管理者養成講座」など、公開講座も開催。
- Great Place to Work® Institute Japan が実施する、日本における「働きがいのある会社」ランキングに2年連続ランクイン（2018-2019）

企画構成／亀谷敏朗

「社員《しゃいん》が主役《しゅやく》」の会社《かいしゃ》は
なぜ逆境《ぎゃっきょう》に強《つよ》いのか

〈検印省略〉

2019年 9 月 26 日 第 1 刷発行

著 者――志水 克行（しみず・かつゆき）
発行者――佐藤 和夫

発行所――株式会社あさ出版
〒171-0022 東京都豊島区南池袋 2-9-9 第一池袋ホワイトビル 6F
電 話 03（3983）3225（販売）
03（3983）3227（編集）
F A X 03（3983）3226
U R L http://www.asa21.com/
E-mail info@asa21.com
振 替 00160-1-720619

印刷・製本 美研プリンティング（株）

facebook http://www.facebook.com/asapublishing
twitter http://twitter.com/asapublishing

ISBN978-4-86667-164-2 C2034